校企合作双元开发新形态教材

职业教育技能型人才培养实用教材

职业教育·汽车类专业教材

汽车快修店服务与技术

江炳洲　张　敏　主　编

刘丽美　苗亚兰　赵生昌　副主编

U0649374

人民交通出版社

北京

内 容 提 要

　　本书为校企合作双元开发新形态教材、职业教育技能型人才培养实用教材。全书分为六个项目,主要内容有:岗位认知与服务礼仪、服务接待流程、车辆外部功能检查、车辆内部功能检查、发动机舱检查与维护、底盘检查与维护。

　　本书可作为职业院校汽车检测与维修技术、汽车技术服务与营销专业的教材使用,也可作为汽车后市场从业人员的参考书。

　　本书配有课件和习题答案,教师可通过加入"汽车高职教学研讨群"(QQ:64428474)获取资源。

图书在版编目(CIP)数据

汽车快修店服务与技术/江炳洲,张敏主编.

北京:人民交通出版社股份有限公司,2025.7.

ISBN 978-7-114-20462-3

Ⅰ. U472.4

中国国家版本馆 CIP 数据核字第 20251X1G40 号

校企合作双元开发新形态教材
职业教育技能型人才培养实用教材
职业教育·汽车类专业教材
Qiche Kuaixiudian Fuwu yu Jishu

书　　名:	**汽车快修店服务与技术**
著 作 者:	江炳洲　张　敏
责任编辑:	李明阳
责任校对:	龙　雪
责任印制:	张　凯
出版发行:	人民交通出版社
地　　址:	(100011)北京市朝阳区安定门外外馆斜街 3 号
网　　址:	http://www.ccpcl.com.cn
销售电话:	(010)85285911
总 经 销:	人民交通出版社发行部
经　　销:	各地新华书店
印　　刷:	北京科印技术咨询服务有限公司数码印刷分部
开　　本:	787×1092　1/16
印　　张:	9.5
字　　数:	222 千
版　　次:	2025 年 7 月　第 1 版
印　　次:	2025 年 7 月　第 1 次印刷
书　　号:	ISBN 978-7-114-20462-3
定　　价:	30.00 元

(有印刷、装订质量问题的图书,由本社负责调换)

随着汽车工业的快速发展和消费者需求的多元化,汽车后市场正经历着深刻的变革。汽车快修店作为汽车后市场的重要组成部分,其服务质量和技术水平直接关系到消费者的满意度和行业的发展。

本书分为服务篇和技术篇,内容紧密结合汽车快修店的日常运营和实际需求,流程清晰,内容全面。服务篇强调了服务人员在汽车快修店工作中的重要性,系统介绍了服务礼仪规范及其从预约招揽到跟踪回访的各个环节的实践应用,让读者能够全面了解服务接待的全过程,提升服务质量和客户满意度。技术篇选取了汽车快修中最为常见且重要的检查项目,如车身外观、仪表及多媒体、发动机舱及底盘检查等。本书通过具体任务的设置,让读者能够掌握各项检查的操作步骤和注意事项,提升解决实际问题的能力。

在本书的编写过程中,编者广泛调研了汽车后市场的最新动态和技术发展趋势,与企业专家共同探讨,力求将前沿的经营理念、适用的服务流程和技术要点融入其中,使本书内容更加贴近实际,更具实用性和针对性。

本书由江炳洲、张敏任主编,由刘丽美、苗亚兰、赵生昌任副主编,刘允乾、邓力珍、唐维、施凤、李明光参与编写。其中项目一的任务一、任务二由苗亚兰编写,项目二的任务一由刘允乾编写,项目二的任务二、任务三、任务四由张敏编写,项目二的任务五由唐维编写,项目二的任务六由邓力珍编写,项目二的任务七由施凤编写,项目三由江炳洲编写,项目四的任务一、任务三由赵生昌编写,项目四的任务二由李明光编写,项目五由江炳洲编写,项目六由刘丽美编写,江炳洲负责全书的统稿工作。

在本书的编写过程中,我们得到了众多企业专家和一线教师的支持和帮助,他们提供了宝贵的意见和建议,使本书更加完善、实用。在此,我们表示衷心的感谢!

由于编者水平有限,书中可能存在不足之处,敬请批评指正。

编　者
2024 年 12 月

CONTENTS 目 录

服 务 篇

项目一 岗位认知与服务礼仪 ………………………………… 2

    任务一 岗位认知 ……………………………… 3

    任务二 汽车快修店维修接待服务礼仪规范 …………… 7

项目二 服务接待流程 ………………………………… 16

    任务一 预约招揽 ……………………………… 17

    任务二 准备工作 ……………………………… 23

    任务三 接车制单 ……………………………… 28

    任务四 维修 ……………………………… 37

    任务五 维修质量检验和交车准备 ……………………… 42

    任务六 结算交车 ……………………………… 47

    任务七 跟踪回访 ……………………………… 53

技 术 篇

项目三 车辆外部功能检查 ………………………………… 60

    任务一 车身外观检查 ……………………………… 61

    任务二 车身功能检查 ……………………………… 65

项目四 车辆内部功能检查 ………………………………… 76

    任务一 车辆内部设施功能检查 ……………………… 77

任务二　空调系统检查 ················ 86

任务三　仪表及多媒体检查 ··········· 92

项目五　**发动机舱检查与维护** ··············· 100

任务一　发动机舱常规检查 ··········· 101

任务二　机油更换 ··················· 109

任务三　发动机内部除炭 ············· 114

项目六　**底盘检查与维护** ··············· 121

任务一　汽车底盘常规检查 ··········· 122

任务二　制动器维护 ················· 131

任务三　轮胎拆检 ··················· 138

参考文献 ························· 145

服务篇

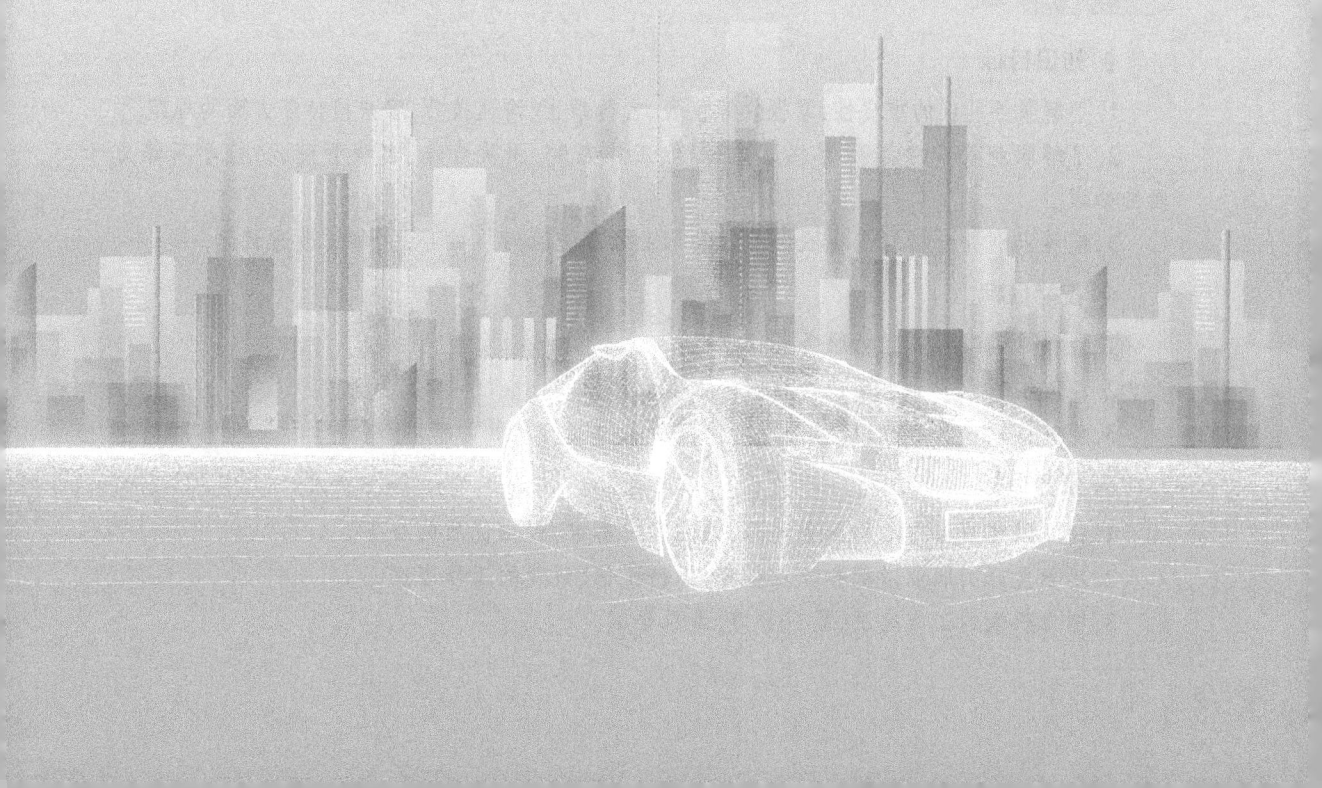

项目一
岗位认知与服务礼仪

项目描述

在汽车维修服务行业中,良好的服务礼仪和职业素养是从业者不可或缺的素质,直接关乎客户体验、企业口碑及员工个人职业发展。本项目聚焦岗位认知、服务礼仪规范、职业形象塑造与自我提升等核心任务,旨在培养学生在以下方面的能力:准确理解并践行服务礼仪规范;根据职业要求塑造并维护个人职业形象;持续提升专业技能与服务水平,以顺应快修店及行业发展趋势;同时,强调团队合作精神。

本项目包括两个任务:

任务一　岗位认知

任务二　汽车快修店维修接待服务礼仪规范

学习目标

◈ 知识目标

1. 了解服务礼仪的重要性,掌握仪容仪表、言行举止、沟通技巧、客户接待等方面的规范。

2. 了解职业素养的内涵,掌握职业道德、工作态度、团队合作、自我管理、持续学习等方面的知识。

3. 能够识别并分析自身在服务礼仪和职业素养方面存在的不足,制订改进计划。

◈ 技能目标

1. 能够准确理解并践行服务礼仪规范。

2. 能够根据职业要求塑造并维护个人职业形象。

3. 能够持续提升自我,以满足汽车快修店及行业的发展需求。

◈ 素养目标

1. 树立以客户为中心的服务理念,关注客户需求,提供优质的服务。

2. 培养良好的职业道德和职业操守,保持诚信、敬业的工作态度。

3. 树立积极的工作态度,勤奋努力,追求卓越。

4.具备团队合作精神,能够与同事协作共同完成任务。

5.持续学习,不断提升个人专业技能和服务水平。

任务一　岗 位 认 知

一、汽车快修店岗位设置

汽车快修店通常包括服务顾问(简称 SA)、维修技师(机修技师、钣金技师、喷漆技师)、配件管理员、财务等多个岗位,每个岗位都有其特定的职责和要求,共同协作以确保汽车快修店的顺畅运营。本任务仅介绍服务顾问及机修技师岗位。汽车快修店组织构架如图 1-1 所示。

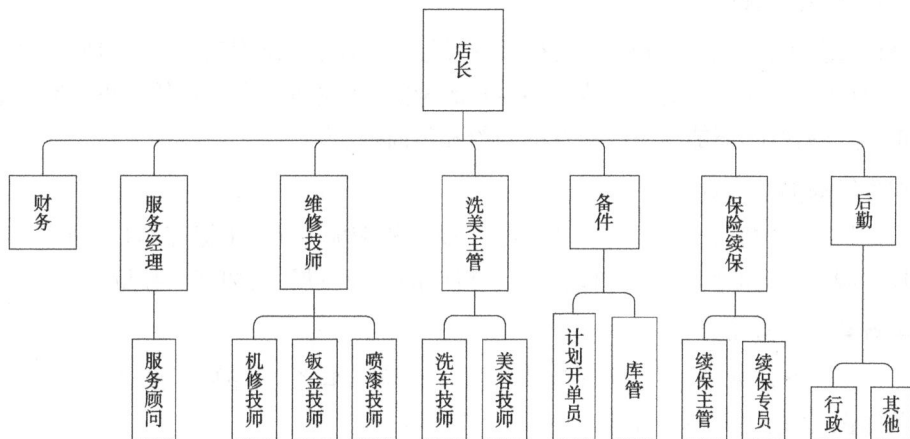

图 1-1　汽车快修店组织架构

二、服务顾问及机修技师岗位职责

(一)服务顾问岗位职责

服务顾问是汽车快修店中至关重要的一个岗位,不仅是客户体验的首个接触者,还是沟通的桥梁、服务流程的管理者、品牌形象的代表、问题处理的关键以及业务发展的推动者。因此,对于汽车快修店或维修服务中心来说,拥有一个优秀的服务顾问团队是至关重要的。

服务顾问岗位的作用主要体现在以下几个方面。

1. 客户体验的首个接触者

服务顾问是客户进入汽车快修店后首先接触的人员,他们的态度、专业水平和服务效率直接影响客户的第一印象。一名友好、热情且专业的服务顾问能够迅速带给客户信任感,为后续的维护服务打下良好的基础。

2. 沟通的桥梁

服务顾问是客户与机修技师之间沟通的桥梁。服务顾问需要准确理解客户的需求,并将这些信息清晰地传达给维护团队。同时,服务顾问需要将维护过程中的重要信息及时反馈给客户,确保客户对维护进度和费用有清晰的了解。

3. 服务流程的管理者

服务顾问负责管理整个维护服务流程,从接待客户、安排维护任务、跟踪维护进度到最后的费用结算,需要全程参与并协调。一名高效的服务顾问能够确保服务流程的顺畅进行,减少客户的等待时间,提高客户满意度。

4. 品牌形象的代表

服务顾问的言行举止代表着整个汽车快修店的品牌形象,其专业素养、服务态度以及解决问题的能力都会直接影响客户对汽车快修店的看法和评价。一名优秀的服务顾问能够提升汽车快修店的品牌形象,吸引更多的客户。

5. 问题处理的关键

在维护过程中,难免会遇到各种问题或突发情况。服务顾问需要具备处理问题的能力,能够迅速、有效地应对客户的投诉或解答客户的疑问,并找到客户满意的解决方案。这不仅能够维护客户的权益,还能够减少潜在的纠纷和负面影响。

6. 业务发展的推动者

通过提供优质的服务和建立良好的客户关系,服务顾问有助于提高客户的回头率,促进口碑传播。服务顾问的努力能够推动汽车快修店的业务发展,增加客户数量和收入。

7. 具备其他业务能力

对于汽车快修店来说,服务顾问除了要做好本职工作之外,还要了解如财务、配件及保险的相关知识,以便更好地服务客户。

(1)服务顾问需要根据车辆的维护需求和汽车快修店的收费标准,快速准确地为客户提供维护费用估算和报价服务。这要求服务顾问要具备一定的财务知识,能够理解和应用不同的维护项目及收费标准。

(2)服务顾问需要了解汽车快修店配件的库存、价格等情况,根据维护需求及时进行配件出库、报价和向店长汇报采购所需配件。

(3)服务顾问需要了解汽车保险的基本知识和理赔流程,以便在客户需要时提供相关的咨询和帮助。服务顾问需要熟悉不同保险公司的理赔政策和要求,以便为客户提供更加专业的服务。

服务顾问岗位职责见表1-1。

服务顾问岗位职责 表1-1

职责描述	具体任务	能力要求
预约管理	1.通过电话、短信或邮件等方式,定期提醒客户回厂进行维护	良好的沟通能力:能够清晰、准确地与客户和维护技师进行沟通。
	2.接收并管理客户的预约信息,确保客户能够按时到店	
接待客户	1.热情、礼貌地接待客户	良好的服务意识:能够主动、热情地为客户提供服务,并关注客户的需求和满意度
	2.倾听客户需求,了解客户车辆问题或维护需求,并详细记录相关信息	

续上表

职责描述	具体任务	能力要求
安排维护任务	1. 评估维护的复杂性和维修时间	组织协调能力:能够有效地安排和协调维护任务,确保维修过程的高效和顺畅
	2. 与维护技师沟通,确定维护方案	
	3. 确保维护任务及时有效分配	
跟踪维护进度	1. 在维护过程中,定期与机修技师沟通,了解维护的进展情况	时间管理和多任务处理能力:能够合理安排时间,处理多个任务和客户需求,确保工作效率和客户服务质量
	2. 及时更新关于客户汽车维护状态的信息,确保客户对维护进度有清晰的了解	
	3. 如果维护过程中出现任何问题或需要额外的维护项目,需要与客户进行沟通,并征得客户的同意	
费用结算	1. 维护完成后,负责与客户进行费用结算	基本的财务知识和操作能力:能够进行简单的费用计算和结算操作
	2. 根据维护项目和收费标准,准确计算维护费用,并向客户提供详细的费用清单	
	3. 收取客户的支付款项,并开具相关的票据或收据	
客户服务	1. 提供优质的客户服务,确保客户在汽车快修店内的体验是愉快和满意的	解决问题和冲突调解的能力:在遇到问题时,能够迅速、有效地找到解决方案,并妥善处理客户的投诉或问题
	2. 解答客户的疑问,处理客户的投诉或建议,并尽力解决客户的问题	
	3. 维护良好的客户关系,提高客户的回头率,促进口碑传播	
	4. 定期回访客户,征求客户意见并记录,以便不断提高服务质量	

(二)机修技师岗位职责

机修技师是汽车快修店中的核心技术人员,负责对进店车辆进行故障诊断和维护。机修技师不仅需要具备扎实的汽车理论知识,还需要拥有丰富的实践经验和精湛的技术水平,其专业能力和技术水平直接关系到维护服务的质量和客户的满意度。同时,机修技师对于保障行车安全、维持车辆性能以及降低维护成本等也具有极其重要的意义。机修技师岗位职责见表1-2。

机修技师岗位职责   表1-2

职责描述	具体任务	能力要求
维护	1. 做好车辆的维护工作,确保维护质量符合标准	1. 专业知识:具备扎实的汽车理论知识,了解车辆的结构、原理和工作方式。 2. 能严格遵守安全操作规程,确保维护过程中的安全
	2. 对车辆进行故障诊断,准确找出问题所在	
确保维护质量	维护完成后,需要进行自检和互检,确保维修质量	丰富的实践经验和精湛的技术

续上表

职责描述	具体任务	能力要求
提升客户满意度	1.与客户保持良好的沟通,解释维护过程和费用,解答客户的疑问	1.良好的沟通能力。 2.团队协作能力。 3.持续学习能力。 4.自我提升的能力
	2.通过提供高效、专业的维修服务,提升客户满意度和忠诚度,不断提升技能水平	

机修技师的重要性主要体现在以下几个方面。

1.保障行车安全

机修技师能够确保车辆的各个系统(如制动系统、转向系统、轮胎等)正常运行,及时发现并解决潜在的安全隐患,从而保障行车安全。

2.维持车辆性能

机修技师能够恢复车辆的良好性能,如发动机的动力性、燃油经济性以及舒适性等。定期的维护可以延长车辆的使用寿命。

3.降低维修成本

机修技师能够提前发现和解决小问题,避免问题恶化导致的高额维护费用。及时地维护可以降低车辆的整体维修成本。

4.推动行业发展

随着汽车技术的不断升级和变革,机修技师也需要不断学习和提升,以适应新的维护需求。机修技师的不断发展和进步是推动汽车维修行业发展的重要动力。

课后练习

一、填空题

1.机修技师在维护过程中需要严格遵守_____,确保维护过程中的安全。

2.服务顾问在维护过程中需要定期与机修技师沟通,了解维护的_____,并及时反馈给客户。

3.机修技师是汽车快修店中的核心技术人员,负责对进店车辆进行_____和维护。

二、选择题

1.下列( )岗位不是汽车快修店中常见的岗位。

　　A.服务顾问　　　　B.机修技师　　　　C.销售经理　　　　D.配件管理员

2.服务顾问在接待客户时,需要记录哪些信息?( )

　　A.客户的姓名和联系方式　　　　　　B.车辆的品牌和型号

　　C.车辆的维修历史和养护记录　　　　D.以上都是

3.当客户车辆出现故障需要维修时,他们首先会接触到的是( )岗位的工作人员。

　　A.机修技师　　　B.配件管理　　　C.财务　　　D.服务顾问

三、判断题

1. 机修技师的维修质量只与他们的技术水平有关,与工作经验无关。　　　(　　)
2. 汽车快修店的服务流程中,跟踪回访环节是为了了解客户对维护服务的满意度。
　　　　　　　　　　　　　　　　　　　　　　　　　　　　　　(　　)
3. 机修技师只需要关注车辆的维护工作,无须与客户进行沟通。　　　(　　)

任务二　汽车快修店维修接待服务礼仪规范

在汽车快修行业中,优质的服务礼仪不仅是提升客户满意度的关键,更是塑造品牌形象、增强市场竞争力的重要因素。一套完善的服务礼仪规范,不仅能够确保客户在接受服务的过程中感受到尊重与关怀,还能有效提升员工的工作效率和团队协作能力。因此,制定并执行一套科学、合理的服务礼仪规范,对于汽车快修店而言至关重要。

一、服务礼仪的基本原则

(一)尊重客户

尊重客户是指以客户为中心,关注并理解客户需求,提供个性化服务。

(1)尊重客户就要始终将客户的感受和需求放在首位,主动了解客户的车辆问题和维修期望,提供量身定制的解决方案。这不仅能增强客户的信任感,还能提升客户满意度和忠诚度。

(2)尊重客户也是建立长期客户关系的基础。在汽车快修行业,客户的口碑传播至关重要。尊重客户,可以树立良好的品牌形象,吸引更多潜在客户,促进业务增长。

(二)诚实守信

诚实守信是指保持诚信态度,履行对客户的承诺,确保服务质量。

(1)诚实守信是汽车快修店经营的核心原则。在提供服务时,汽车快修店应如实告知客户车辆状况、维修方案和费用预算,不夸大其词,不隐瞒问题;同时,按时按质完成维修工作,确保客户得到承诺的服务结果。

(2)诚实守信能够增强客户对汽车快修店的信任感,减少信息不对称导致的误解和纠纷。长期来看,诚实守信有助于维护汽车快修店的声誉和信誉,为其持续发展奠定坚实的基础。

(三)专业高效

专业高效是指具备专业技能和知识,提高工作效率,确保服务质量。

(1)专业高效要求汽车快修店员工具备扎实的汽车维修知识和技能,能够快速准确地诊断车辆问题,并采取有效措施进行维修;同时,要优化工作流程,缩短维修时间,提高工作效率。

(2)专业高效是汽车快修店竞争力的关键所在。通过提供高质量、高效率的维修服务，汽车快修店可以赢得客户的认可和好评，从而在激烈的市场竞争中脱颖而出。

二、服务礼仪规范

(一)仪表仪态

仪容仪表与仪态是汽车快修店员工给予客户的第一印象，直接关乎客户对服务质量的初步评价。整洁的仪容、得体的着装及优雅的仪态不仅体现了员工的职业素养，更彰显了汽车快修店的专业形象与对客户的尊重。为提升服务质量与客户满意度，可制定以下具体要求。

1. 发型与面部

男士发型与面部的要求如图1-2所示。

(1)发型：短发，前不过眉，侧不遮耳，后不及领，保持整洁。

(2)面部：无胡茬，无明显疤痕或痘痘，保持清洁。

女士发型与面部的要求如图1-3所示。

(1)发型：长发应束起或盘起，短发应整洁，不遮挡面部，不染发(自然色除外)。

(2)面部：可化淡妆，但应自然得体，不浓妆艳抹，无明显疤痕或痘痘。

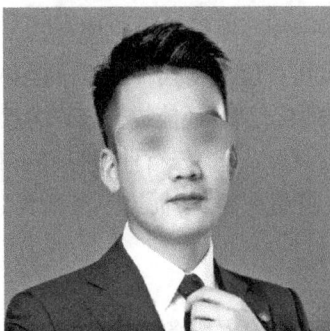

图1-2　男士发型与面部的要求　　　图1-3　女士发型与面部的要求

2. 手部与指甲

手部：保持清洁，无污渍，不佩戴过多或夸张的饰品。

指甲：修剪整齐，不涂彩色指甲油，长度适中。

3. 服装与配饰

服装：穿着汽车快修店统一发放的工作服，保持衣物整洁、无破损，合身且符合职业形象要求。

配饰：佩戴必要的工作配饰，如工牌、安全帽等，避免佩戴过多或夸张的私人饰品。

4. 鞋子与袜子

鞋子：穿着符合安全要求的防滑、耐磨的工作鞋，保持干净，无泥污、破损。

袜子：颜色与工作服相协调，保持整洁，无破损。

5. 站姿

(1)站立时,双脚并拢或呈"V"字形站立,双手自然下垂或轻轻交叠于腹前。

(2)头部挺直,目光平视,面带微笑,展现出自信与热情。

6. 坐姿

(1)坐下时,身体挺直,双脚平放在地面上,双手放在膝盖上或轻轻交叠。

(2)避免跷二郎腿或身体前倾,保持坐姿的优雅与稳重。

7. 走姿

(1)行走时,步伐稳健,速度适中,不拖沓或急促。

(2)目光平视前方,面带微笑,展现出自信与从容。

8. 手势与表情

手势:在与客户交流时,手势应适度、自然,避免过于夸张或指向性不明确。

表情:保持微笑,眼神亲切,展现出友好与热情。

9. 特殊情况处理

在接触油污、化学品等特殊工作环境时,佩戴相应的防护用品,如防油手套、防护眼镜等,以保护个人安全和卫生。根据季节变化,适时调整工作服的厚度和款式,以保持舒适度和专业性。

10. 监督与检查

应定期对员工的仪容仪表仪态进行检查和评估,对不符合要求的员工进行指导和纠正。员工应自觉维护个人仪容仪表仪态,相互监督,共同营造整洁、专业、优雅的工作环境。

(二)语言表达

良好的语言表达对于提升客户服务体验至关重要,它直接影响客户对服务的感受。为了营造和谐友好的服务环境,员工在与客户沟通时,应使用文明礼貌的语言,避免任何不恰当或可能引起冒犯的言辞。员工需掌握基本的沟通技巧,包括倾听、表达和反馈,同时注重语言的礼貌性和专业性。

文明礼貌的语言不仅能够提高客户满意度与忠诚度,还有助于建立双方的信任,减少误解和冲突,为汽车快修店赢得良好的口碑。在服务过程中,优秀的语言表达能力是建立良好客户关系和提高服务质量的关键。表1-3是语言表达的具体要求,确保员工在与客户沟通时能够做到清晰、准确且礼貌地传达信息。

语言表达的具体要求
表1-3

要求	说明
礼貌用语	在所有交流中使用"请""谢谢""不客气"等礼貌用语
耐心倾听	仔细聆听客户的需求和问题,不打断客户讲话
清晰表达	用简单明了的语言描述服务内容、费用和维修流程
正面回应	即使面对挑战,也要保持积极和解决问题的态度

要求	说明
避免术语	尽量避免使用客户可能不理解的行业术语,必要时进行解释
专业态度	在任何情况下都保持专业,不发表个人意见或情绪化言论
适当语速	说话速度适中,确保客户能够理解,避免过快或过慢
非语言沟通	使用开放的肢体语言,保持眼神交流,展现友好和专业的形象
反馈确认	在对话结束时,总结并确认所提供的信息,确保双方理解一致
后续跟进	如有必要,明确告知客户后续步骤和联系方式

(三)服务态度

服务态度是员工在服务过程中展现出的情感和行为倾向,直接影响客户对服务的评价。保持热情、耐心、周到的服务态度,关注客户需求,及时解决问题,能够赢得客户的信任和认可。这要求员工具备积极的服务意识,主动了解客户需求,提供超出客户期望的服务。

优质的服务态度能够提升客户的满意度和忠诚度,增强汽车快修店的市场竞争力。优质的服务态度体现了汽车快修店以客户为中心的服务理念,有助于建立长期稳定的客户关系。为了提升服务质量,提升客户体验,汽车快修店员工服务态度的具体要求见表1-4。

服务态度要求   表1-4

要求	说明
积极欢迎	主动迎接客户,用热情的语调和肢体语言表示欢迎
耐心倾听	对客户的问题和需求给予充分耐心,不打断,不急躁
尊重理解	尊重客户的意见和感受,表现出同理心
专业自信	在提供服务时展现出专业和自信,让客户感到安心
诚信服务	坚持诚信原则,不夸大问题或误导客户
及时响应	对客户的请求和问题及时做出响应,不拖延
礼貌告别	服务结束后,礼貌地感谢客户,并欢迎其再次光临
持续改进	主动寻求客户反馈,持续提高服务质量

(四)环境维护

在汽车快修店的服务体系中,环境维护不仅直接关系到客户的直观感受,更是衡量服务品质的重要标准之一。整洁、有序、安全的环境是汽车快修店向客户展示其专业精神和服务态度的首要窗口。保持店内环境的清洁与秩序,以及客户休息区的舒适与卫生,是汽车快修店应尽的基本责任,也是提升客户满意度和忠诚度的关键所在。

汽车快修店环境维护要求见表1-5,旨在通过规范的管理和细致的清洁工作,确保每一位踏入汽车快修店的客户都能感受到汽车快修店的用心与专业。

环境维护要求　　　　　　　　　　　　　　　　表1-5

要求	说明
清洁卫生	定期清洁店内所有区域,包括工作台、地面、洗手间等,确保无灰尘和污渍
物品摆放	工具、配件、宣传资料等物品应整齐摆放,便于取用,保持工作区整洁有序
安全检查	定期检查店内设施安全,包括消防设备、电线电路、机械设备等,确保无安全隐患
绿化装饰	适当摆放绿植或装饰品,营造舒适宜人的服务环境
垃圾分类	垃圾应分类投放,及时清理,避免异味和环境污染
通风换气	确保店内空气流通,定期开窗通风或使用空气净化设备
照明维护	保持店内照明充足,及时更换损坏的灯泡,确保工作区光线适宜
标识清晰	各类指示标识应清晰可见,方便客户和员工识别

三、服务礼仪的实践应用

(一)员工培训

定期对员工进行服务礼仪培训,包括礼仪知识、沟通技巧、服务流程等。

(二)日常实践

在日常工作中积极践行服务礼仪规范,不断提升个人职业素养和服务水平。

(三)监督与反馈

建立服务礼仪监督与反馈机制,确保服务礼仪规范的有效执行。

任务实施

汽车快修店维修接待服务礼仪规范

一、实训准备

(1)实训设备:工位、休息室、全套正装(自带)、工牌、电脑。
(2)耗材:纸、笔。

二、实训步骤

本次实训以模拟客户到店场景为核心,聚焦服务顾问接待礼仪的全流程演练。通过系统化训练,提升团队在仪容仪表、动作规范、语言沟通、服务态度及环境准备等的综合表现,旨在通过沉浸式情景模拟,强化服务顾问的实战应对能力,为客户打造宾至如归的到店体验。

售后服务顾问接待礼仪演练

要求:
(1)根据各情景进行分项演练。
(2)两两一组进行交叉演练,一人扮演客户,一人扮演服务顾问。
(3)扮演客户的同学,在任务表上进行记录,并进行反馈,见表1-6。

售后服务顾问接待礼仪任务表　　　　表1-6

<table>
<tr><td rowspan="2">一、操作基本信息</td><td colspan="2">姓名:</td><td colspan="2">班级:</td><td colspan="2">学号:</td></tr>
<tr><td colspan="2">实训时间:</td><td colspan="4">实训地点:</td></tr>
<tr><td rowspan="4">二、场地准备</td><td colspan="2">项目</td><td colspan="2">操作情况</td><td colspan="2">检查结果</td></tr>
<tr><td colspan="2">1.检查清洁场地</td><td colspan="2">完成□　未完成□</td><td colspan="2">正常□　异常□　异常情况:</td></tr>
<tr><td colspan="2">2.检查实训设备</td><td colspan="2">完成□　未完成□</td><td colspan="2">正常□　异常□　异常情况:</td></tr>
<tr><td colspan="2">3.检查耗材</td><td colspan="2">完成□　未完成□</td><td colspan="2">正常□　异常□　异常情况:</td></tr>
<tr><td rowspan="21">三、实施过程</td><td colspan="3">实施步骤</td><td colspan="3">完成情况记录</td></tr>
<tr><td colspan="6">(一)仪容仪表自检</td></tr>
<tr><td colspan="3">1.男士发型:短发、整洁</td><td colspan="3">完成□　未完成□　异常情况:</td></tr>
<tr><td colspan="3">2.女士发型:长发盘起、短发整洁</td><td colspan="3">完成□　未完成□　异常情况:</td></tr>
<tr><td colspan="3">3.男士面部:无胡渣、清洁</td><td colspan="3">完成□　未完成□　异常情况:</td></tr>
<tr><td colspan="3">4.女士面部:淡妆、清洁</td><td colspan="3">完成□　未完成□　异常情况:</td></tr>
<tr><td colspan="3">5.手部:清洁、指甲整齐</td><td colspan="3">完成□　未完成□　异常情况:</td></tr>
<tr><td colspan="3">6.配饰:工作配饰</td><td colspan="3">完成□　未完成□　异常情况:</td></tr>
<tr><td colspan="3">7.服装:工作服、整洁</td><td colspan="3">完成□　未完成□　异常情况:</td></tr>
<tr><td colspan="3">8.鞋子:符合安全要求、干净</td><td colspan="3">完成□　未完成□　异常情况:</td></tr>
<tr><td colspan="3">9.袜子:颜色与工作服相协调</td><td colspan="3">完成□　未完成□　异常情况:</td></tr>
<tr><td colspan="6">(二)服务接待区</td></tr>
<tr><td colspan="3">1.桌面干净整洁</td><td colspan="3">完成□　未完成□　异常情况:</td></tr>
<tr><td colspan="3">2.电脑打开,系统准备就位</td><td colspan="3">完成□　未完成□　异常情况:</td></tr>
<tr><td colspan="3">3.维修工单夹、笔等摆放成直线</td><td colspan="3">完成□　未完成□　异常情况:</td></tr>
<tr><td colspan="3">4.电子屏显示"今日维修进度"及"维护套餐对比"</td><td colspan="3">完成□　未完成□　异常情况:</td></tr>
<tr><td colspan="6">(三)客户休息区</td></tr>
<tr><td colspan="3">1.干净、整洁,绿植无枯叶</td><td colspan="3">完成□　未完成□　异常情况:</td></tr>
<tr><td colspan="3">2.确保空气流通</td><td colspan="3">完成□　未完成□　异常情况:</td></tr>
<tr><td colspan="3">3.保持照明充足</td><td colspan="3">完成□　未完成□　异常情况:</td></tr>
<tr><td colspan="3">4.各类指示标识清晰可见</td><td colspan="3">完成□　未完成□　异常情况:</td></tr>
<tr><td colspan="3">5.休息区有专人负责</td><td colspan="3">完成□　未完成□　异常情况:</td></tr>
<tr><td colspan="3">6.有三种及以上饮品和茶歇</td><td colspan="3">完成□　未完成□　异常情况:</td></tr>
</table>

续上表

实施步骤	完成情况记录
（四）情境演练一：客户到店维修	
1.站立姿势、自信与热情	完成☐　未完成☐　异常情况：
2.对客户微笑点头	完成☐　未完成☐　异常情况：
3.主动迎接，积极措辞	完成☐　未完成☐　异常情况：
4.引导到工位	完成☐　未完成☐　异常情况：
5.行走时步伐稳健，速度适中	完成☐　未完成☐　异常情况：
6.坐下时身体挺直，保持坐姿	完成☐　未完成☐　异常情况：
7.接递名片姿势	完成☐　未完成☐　异常情况：
8.双手呈45°递出工单	完成☐　未完成☐　异常情况：
（五）情境演练二：客户等待交车	
1.交车引导	完成☐　未完成☐　异常情况：
2.帮客户打开车门，客户上车后帮忙关上车门	完成☐　未完成☐　异常情况：
3.给客户提供送别礼物	完成☐　未完成☐　异常情况：
4.挥手送别客户	完成☐　未完成☐　异常情况：
1.清洁、整理设备	完成☐　未完成☐　其他情况：
2.清洁场地	完成☐　未完成☐　其他情况：
3.整理收纳使用物品	完成☐　未完成☐　其他情况：
4.完善工单	完成☐　未完成☐　其他情况：

（三、实施过程；四、场地清洁整理）

五、实训收获及反思

任务评价

对本学习任务进行评价，见表1-7。

售后服务顾问接待礼仪评分表　　　　　　　表1-7

考核项目	评分标准	分数（分）	学生自评(分)（20%）	小组互评(分)（30%）	教师评价(分)（50%）	小计（分）
小组合作	是否和谐	2				
活动参与	是否积极主动	2				
安全生产	有无安全隐患	2				

续上表

考核项目	评分标准	分数 （分）	学生自评(分) （20%）	小组互评(分) （30%）	教师评价(分) （50%）	小计 （分）
环境管理	是否做到	2				
任务方案	是否正确、合理	2				
操作过程	仪容仪表准备	10				
	环境准备	10				
	礼仪规范	15				
	语言表达	15				
	服务态度	15				
	综合表现	15				
任务完成情况	是否圆满完成任务	4				
工具和设备使用	是否规范、标准	2				
劳动纪律	是否能严格遵守	2				
工单填写	是否完整、规范	2				
总分		100				
时间： 年 月 日		得分				

课后练习

一、填空题

1.汽车快修店服务礼仪的基本原则包括尊重客户、_____和专业高效。

2.员工在与客户沟通时,应使用_____的语言,避免使用不恰当或冒犯性的言辞。

3.汽车快修店应定期清理和打扫_____和_____区域,保持环境整洁。

二、选择题

1.下列( )不属于汽车快修店服务礼仪规范的内容。

    A.仪态仪表   B.语言表达

    C.服务态度   D.车辆维修技术

2.在服务过程中,员工应保持( )的服务态度。

    A.冷漠   B.热情、耐心、周到

    C.随意   D.严肃

3.汽车快修店环境维护的主要目的是( )。

    A.提高维修效率   B.增加营业收入

    C.为客户提供舒适的服务体验   D.展示店铺形象

三、判断题

1. 汽车快修店员工在与客户沟通时,可以使用不恰当的言辞来表达自己的观点。

（　　）

2. 保持汽车快修店环境的整洁、有序是提升服务质量的重要措施之一。（　　）

3. 服务礼仪规范只适用于汽车快修店员工,与客户无关。（　　）

项目二
服务接待流程

项目描述

在现代汽车维修与服务行业,高效且专业的服务接待流程是提升客户满意度、增强品牌忠诚度及促进业务增长的关键。本项目通过系统优化预约招揽、准备工作、接车制单、维修、维修质量检验和交车准备、结算交车及跟踪回访等核心环节,确保为客户提供卓越服务体验。学生将掌握职业规范,树立以客户为中心的理念,培养职业道德与团队精神,塑造职业形象,提升专业技能与服务,以适应行业发展,展现团队协作能力。

本项目包含以下七个任务:

任务一　预约招揽

任务二　准备工作

任务三　接车制单

任务四　维修

任务五　维修质量检验和交车准备

任务六　结算交车

任务七　跟踪回访

学习目标

◈ 知识目标

1.认识到服务接待流程对于提升客户满意度、提高品牌忠诚度和促进业务增长的关键作用。

2.熟悉从预约招揽到跟踪回访的各个环节,以及各环节之间的衔接与协同。

3.掌握包括汽车构造、常见故障类型、维修方法及配件在内的知识,以便在服务过程中为客户提供准确的建议。

4.了解汽车维修与服务行业的法律法规、质量标准及安全规范,确保服务合规且专业。

❖ 技能目标

1.能够准确记录客户需求,合理安排服务时间,通过有效的沟通方式与客户确认预约信息。

2.能够根据预约信息,提前准备所需的工具、配件和工位,确保服务资源到位;同时,能够协调技师资源,确保维护作业顺利进行。

3.能够与客户进行有效沟通,明确维护需求与预期;准确填写维修工单,包括维护项目、所需配件、预计工时和费用等。

4.能够监督维护进度,确保维护作业符合行业标准和安全规范;同时,能够协调解决维护过程中出现的问题,确保维护质量。

5.能够执行严格的质量检查,确保维护质量;同时,能够准备交车文件,对车辆进行清洁和整理,确保外观和内饰整洁。

6.能够准确计算维护费用,清晰解释费用明细;同时,能够高效处理支付事宜,提供多种支付方式以满足客户需求。

7.能够运用有效的回访技巧,收集客户反馈,评估服务质量;同时,能够根据客户反馈提出改进措施,并持续跟踪改进效果。

❖ 素养目标

1.始终将客户需求放在首位,提供个性化、高品质的服务;能够积极倾听客户意见,理解客户需求,并努力满足或超越客户期望。

2.能够与团队成员紧密合作,共同解决问题;同时,能够与客户进行有效沟通,建立良好的客户关系。

3.保持诚信经营,对客户负责,对维护质量负责;能够遵守行业规范,维护品牌形象。

4.关注行业动态,不断学习新知识、新技术;能够创新服务方式,提升服务质量,以适应市场需求的变化。

5.面对突发情况或客户异议时,能够冷静分析,迅速做出合理决策;同时,能够灵活应对各种挑战,确保服务流程的顺利进行。

任务一 预约招揽

预约招揽是指汽车快修店通过电话、短信、邮件或社交媒体等渠道,主动邀请客户预约车辆维护或其他服务的行为。通常使用电话进行预约招揽。预约招揽是汽车快修店工作的第一步,也是非常重要的一步,直接关系到客户是否进店。常见的招揽点有维护和店内活动等。

一、预约招揽的目的

(1)通过预约招揽,汽车快修店可以合理安排技师的工作时间和资源,减少客户等待时间,提高服务效率。

（2）预约招揽能让客户感受到汽车快修店的关怀和专业性,从而提升客户的满意度。

（3）通过预约招揽,汽车快修店可以吸引更多客户到店消费,进而增加业务收入。

二、预约招揽工作任务描述

通过预约招揽工作,汽车快修店可以更有效地管理客户资源,提高服务效率,提升客户体验,进而促进业务的长期发展,预约招揽工作任务描述见表2-1。

预约招揽工作任务描述表   表2-1

工作任务描述	操作步骤、要点及话术
预约招揽准备工作	1. 查阅客户车辆的维修档案。 2. 进行分析,确定拨打电话的时间。 3. 准备好通话内容、顺序和所需要的资料、文件
礼貌问候客户,自我介绍	1. 礼貌热情地问候对方,确认电话对象。 2. 自我介绍询问是否方便接听电话
	推荐话术: ××先生/女士,您好,不好意思打扰您了,我是××汽车快修店的××店的客服××,请问您是否方便接听电话?
表明此次来电目的	1. 目的、行驶里程。 2. 简洁、明了,感兴趣则继续下一步骤,不感兴趣则礼貌结束通话
	推荐话术: 1. ××先生/女士,本次来电主要是给您的爱车做个维护提醒。 2. 最近您在使用车辆的过程中有没有关注您爱车的情况?我们在系统上查询到您上次维护的时间是××年××月,里程是××公里,请问您是否关注到您目前的行驶里程是多少km?建议您的爱车一年或10000km维护一次,以先到者为准按照目前您的行驶里程和时间来看,您的爱车到维护时间了。那这边我帮您预约一下,以便减少您的等待时间。 3. 客户不感兴趣: ××先生/女士,不好意思打扰您了,如果您在用车过程中遇到任何问题随时都可以联系我,祝您生活愉快,请您先挂断电话
了解客户需求	1. 了解客户需求。 2. 推荐××汽车快修店的相应项目,介绍优势,预估费用及时间
	推荐话术: 本次您的爱车要做的是机油维护,主要是更换机油和机油滤芯。价格是××元,其中工时××元,零件××元,预计××h可以完工

工作任务描述	操作步骤、要点及话术
查看维修和接待能力	1. 查看客户预约当天门店的维修接待能力。 2. 如果不能满足客户的时间要求，建议并预约另一个时间。 3. 每个服务顾问每15min安排一个客户预约登记，同时保证该服务顾问每小时有15min的自由安排时间
	推荐话术： 　××先生/女士，为了节省您的等待时间，我这边帮您预约一下。您是周一到周五方便，还是周末方便？周末早上人少一些，我给您约在周六上午10:00,您看可以吗？
确认预约内容	1. 告知客户已将车辆情况和需求记录。 2. 询问客户是否还有疑问。 3. 确认已经明确的项目、时间和价格。 4. 提醒客户携带所需的资料和证件,提醒客户预约时间段
	推荐话术： 　1.××先生/女士,我已经将您的预约信息进行了记录,接下来我跟您核对一下。您本次做的是机油维护,主要更换机油和机油滤芯,价格是××元,其中工时是××元,零件是××元,预约的时间是本周六上午10:00,预计中午12:00给您准时交车。请问您还有什么不清楚的吗？ 　2.到时候请您携带好您的驾驶证和行车证
表示感谢,结束通话	1. 待客户挂电话后再挂电话。 2. 客户不挂电话再次询问是否还有其他需求
	推荐话术： 　××先生/女士,我需要添加一下您的微信,稍后给您发送位置信息及预约相关信息,同时方便您在后续的用车过程中遇到任何问题随时联系我。请问您还有什么疑问吗？祝您生活愉快,请您先挂断电话
填写预约登记表	1. 填写预约登记表,包括客户姓名、车牌、电话、预约时间、预约项目。 2. 填写预约看板。一般预约看板包含了客户姓名、车牌、预约日期、预约时间、预约项目、服务顾问等信息,方便各部门人员快速查看预约信息,提前做好准备。 3. 预约提醒。一般需要在客户到店前一天和到店前1h对客户进行预约提醒

三、预约招揽电话注意事项

打电话的礼节包括很多方面,具体而言,主要包括以下内容:

(1)选择适当的通话时间。请在恰当的时段打电话。通常早上10:00—11:30,下午

2：00—4：00，或者是在与客户约定的时间段拨打电话。这些时间是"黄金"时段，选择这些最有效的时段能够事半功倍。

（2）主动介绍自己的姓名、身份。确认通话对象身份，询问对方是否方便，在对方方便的情况下再开始交谈。电话用语应文明、礼貌，电话内容要简明扼要。

（3）打电话时要注意通话 3min 原则。通话时间要简短，长话短说，废话不说，没话别说。

（4）通话完毕时应道"再见"，请客户先挂断电话。

任务实施

预 约 招 揽

一、实训准备

（1）实训设备：工位、电话、计算器、预约管理系统。
（2）耗材：纸、笔。

二、实训步骤

背景信息：系统显示，客户王一先生，138××××××88，车牌云×××××，行驶里程 8725km，即将进行 10000km 机油维护，更换机油和机油滤清器。机油 600 元，机油滤清器 50 元，工时费 200 元，合计 850 元，需要拨打招揽电话进行预约。

（一）预约招揽话术编写

要求：
（1）根据预约招揽操作步骤进行话术的编写。
（2）独立完成。
（3）完成后组员之间交换评阅。
（4）评选一份最好的话术进行展示。

_____

_____

_____

_____

（二）拨打预约招揽电话

要求：
（1）根据上述话术进行演练。
（2）两人一组进行演练：一人扮演客户，一人扮演服务顾问。
（3）扮演客户的同学，在任务表上进行记录并进行反馈，见表2-2。

预约招揽任务表

表2-2

一、操作基本信息	姓名：	班级：		学号：
	实训时间：	实训地点：		

二、场地准备	项目	操作情况	检查结果
	1.检查清洁场地	完成□　未完成□	正常□　异常□　异常情况：
	2.检查实训设备	完成□　未完成□	正常□　异常□　异常情况：
	3.检查耗材	完成□　未完成□	正常□　异常□　异常情况：

三、实施过程	实施步骤	完成情况记录
	(一)物品准备	
	准备好招揽客户一览表	完成□　未完成□　异常情况：
	(二)自我介绍	
	1.礼貌用语	完成□　未完成□　异常情况：
	2.自报店名	完成□　未完成□　异常情况：
	3.自报职位	完成□　未完成□　异常情况：
	4.自报姓名	完成□　未完成□　异常情况：
	(三)咨询客户	
	1.确认客户身份	完成□　未完成□　异常情况：
	2.询问是否方便接听电话	完成□　未完成□　异常情况：
	(四)电话内容叙述	
	1.向客户说明来电的目的	完成□　未完成□　异常情况：
	2.关怀客户近期用车情况	完成□　未完成□　异常情况：
	3.向客户确认目前车辆行驶里程	完成□　未完成□　异常情况：
	4.询问客户何时方便来店做维护	完成□　未完成□　异常情况：
	5.向客户确认来店维护时间	完成□　未完成□　异常情况：
	6.向客户再次确认来店维护时间	完成□　未完成□　异常情况：
	7.认真倾听，不打断客户	完成□　未完成□　异常情况：
	8.添加客户微信，发送位置信息及预约相关信息	完成□　未完成□　异常情况：
	9.等待用户挂断电话后再挂断电话	完成□　未完成□　异常情况：
	(五)预约结束	
	1.填写预约登记表	完成□　未完成□　异常情况：
	2.客户到店前1h再次确认客户是否按时到店	完成□　未完成□　异常情况：

续上表

	实施步骤	完成情况记录
四、场地清洁整理	1. 清洁、整理设备	完成□ 未完成□ 其他情况：
	2. 清洁场地	完成□ 未完成□ 其他情况：
	3. 整理收纳使用物品	完成□ 未完成□ 其他情况：
	4. 完善工单	完成□ 未完成□ 其他情况：
五、实训收获及反思		

任务评价

对本学习任务进行评价,见表2-3。

预约招揽任务评分表   表2-3

考核项目	评分标准	分数(分)	学生自评(分)(20%)	小组互评(分)(30%)	教师评价(分)(50%)	小计(分)
小组合作	是否和谐	2				
活动参与	是否积极主动	2				
安全生产	有无安全隐患	2				
环境管理	是否做到	2				
任务方案	是否正确、合理	2				
操作过程	物品准备	10				
	自我介绍	10				
	咨询客户	10				
	电话内容叙述	30				
	预约结束	10				
	预约过程整体表现	10				
任务完成情况	是否圆满完成任务	4				
工具和设备使用	是否规范、标准	2				
劳动纪律	是否能严格遵守	2				
工单填写	是否完整、规范	2				
总分		100				
时间： 年 月 日			得分			

课后练习

一、填空题

1. 在进行预约招揽时,服务顾问需要注意选择适当的通话时间,通常早上_____是"黄金"时段。

2. 在进行预约招揽电话沟通时,服务顾问需要遵循_____原则,即通话时间要简短,长话短说,废话不说,没话别说。

3. 在进行预约招揽时,汽车快修店需要查阅客户车辆的_____,以便了解客户的车辆状况和维护历史。

二、选择题

1. 预约招揽的主要目的是( )。
    A. 增加汽车快修店的营业收入
    B. 合理安排维修技师资源,提高服务效率,并提升客户满意度
    C. 仅仅为了提醒客户进行车辆维护

2. 在进行预约招揽电话时,以下( )不是必要的步骤。
    A. 礼貌问候客户并自我介绍
    B. 详细询问客户的个人生活情况以建立关系
    C. 确认客户的车辆行驶里程和维护需求

3. 预约招揽电话中,服务顾问向客户确认预约内容时,不包括( )。
    A. 预约的具体时间　　　　　　　　B. 预约的维修项目
    C. 客户的家庭住址　　　　　　　　D. 预计费用

三、判断题

1. 预约招揽电话应在客户方便的时间段拨打,通常早上 10:00—11:30 和下午 2:00—4:00 是较为合适的时间。 ( )

2. 在预约招揽过程中,服务顾问不需要向客户详细解释每项维修项目的费用和所需时间。 ( )

3. 预约招揽完成后,服务顾问需要填写预约登记表,并在客户到店前一天和到店前 1h 进行预约提醒。 ( )

任务二　准 备 工 作

准备工作任务描述

准备工作是指为了确保汽车服务过程能够高效、有序地进行,而提前进行的一系列组

织、安排和调配工作。这一环节是汽车服务流程的重要组成部分,旨在为客户提供快速、优质的服务体验,同时确保服务质量和效率,让客户感受到预约的好处,以提升客户的满意度。准备工作任务描述见表2-4。

准备工作任务描述表 表2-4

工作任务描述	操作步骤及要点
接车工具准备	检查需要的表单、工具、资料、电脑、备件等,具体如下: 1. 检查所有工作单据是否齐全。 2. 检查接待前台每台计算机的工作状况以及与打印机的连接情况。 3. 查看、整理客户预约登记簿,并及时更新客户"预约欢迎看板"内容。 4. 检查来电显示电话是否正常工作。 5. 整理汽车防护用品。 6. 客户到店前1天短信提醒,到店前1h电话提醒

	预约提醒短信:
	  尊敬的王一先生您好,我是××汽车快修店的服务顾问××,联系电话138×××××88。温馨提醒您,您预约的车辆维护服务(请根据实际情况填写预约项目,如更换机油机滤、全车检查等)将于明天进行。您的预约时间为××月××日星期××上午/下午××:××(请确认具体时间)。为确保服务顺畅,请您携带以下资料:车辆行驶证、维护手册及车主本人有效身份证件。
	  我们的门店地址位于××(具体地址如××市××区××路××号),请提前规划好行程路线,确保准时到店。准时到达不仅能让您的爱车享受更快捷的服务,也能帮助我们更好地管理服务流程。
	  期待明天与您的见面,如有任何疑问,请随时致电我。感谢您的信任与支持,祝您今天有个愉快的心情! 明天见!

环境维护及清洁	对前台接待区域、客户洽谈区及客户休息区进行环境管理: 1. 每天开始营业前,检查车间出入口、服务接待区、接待前台、客户休息室、洗手间的卫生。 2. 整理客户休息室,检查并打开音响、影像设备,保证计算机处于联网状态。 3. 报纸、杂志摆放整齐,并及时更新。 4. 保证客户接待大厅、客户休息室温度适宜,灯光照度适宜
服务顾问个人准备	按门店要求做好个人准备: 1. 按汽车维修企业员工着装标准着装,保证整洁、无破损。 2. 检查仪容、仪表,保证面部各部位干净、整洁,无异味。 3. 始终保持饱满的精神面貌和微笑的面容。 4. 名片及工牌

任务实施

准备工作

一、实训准备

(1)实训设备:工具、资料、计算机、备件、工位、工装、工牌;

(2)耗材:纸、笔、五件套、预检单、终检单。

二、实训步骤

背景信息:客户王一先生,138×××××88,车牌云××××××,预约了××月×× 日星期××上午/下午××:××到店进行机油维护。

要求:

(1)两人一组进行演练:一人扮演服务顾问,一人作为观察员。

(2)扮演观察员的同学,在准备工作任务表(表2-5)上进行记录,并进行反馈。

准备工作任务表 表2-5

一、操作基本信息	姓名:		班级:		学号:	
	实训时间:		实训地点:			
二、场地准备	项目		操作情况		检查结果	
	1.检查清洁场地		完成□ 未完成□		正常□ 异常□ 异常情况:	
	2.检查实训设备		完成□ 未完成□		正常□ 异常□ 异常情况:	
	3.检查耗材		完成□ 未完成□		正常□ 异常□ 异常情况:	
三、实施过程	实施步骤		完成情况记录			
	(一)客户基本信息					
	1.服务顾问姓名		完成□ 未完成□ 异常情况:			
	2.客户姓名		完成□ 未完成□ 异常情况:			
	3.客户到店日期		完成□ 未完成□ 异常情况:			
	4.客户到店时间		完成□ 未完成□ 异常情况:			
	(二)文件资料和工具检查					
	1.是否提前一天与客户确认到店时间		完成□ 未完成□ 异常情况:			
	2.是否提前1h与客户确认到店时间		完成□ 未完成□ 异常情况:			
	3."预约管理看板"是否已经更新		完成□ 未完成□ 异常情况:			
	4.按工作流程要求检查所有工作单据是否齐全		完成□ 未完成□ 异常情况:			

续上表

实施步骤	完成情况记录
5.检查接待前台每台计算机的工作状况以及与打印机的连接状况	完成☐ 未完成☐ 异常情况:
6.检查来电显示电话是否正常工作	完成☐ 未完成☐ 异常情况:
7.整理汽车防护用品	完成☐ 未完成☐ 异常情况:
8.检查夹板、纸、笔是否已经准备	完成☐ 未完成☐ 异常情况:
(三)环境维护及清洁	
1.营业前,是否检查车间出入口、服务接待区、接待前台、客户休息室、洗手间的卫生	完成☐ 未完成☐ 异常情况:
2.确保客户接待大厅、客户休息室温度适宜,灯光照度适宜	完成☐ 未完成☐ 异常情况:
3.整理客户休息室,检查并打开音响、影像设备,保证计算机处于上网状态	完成☐ 未完成☐ 异常情况:
4.确保报纸、杂志摆放整齐,并及时更新	完成☐ 未完成☐ 异常情况:
(四)服务顾问个人仪容仪表准备	
1.按汽车维修企业员工着装标准着装,保证整洁,无破损	完成☐ 未完成☐ 异常情况:
2.检查仪容、仪表	完成☐ 未完成☐ 异常情况:
3.始终保持饱满的精神面貌和微笑的面容	完成☐ 未完成☐ 异常情况:
4.携带名片和佩戴工牌	完成☐ 未完成☐ 异常情况:

三、实施过程

	实施步骤	完成情况记录
四、场地清洁整理	1.清洁、整理设备	完成☐ 未完成☐ 其他情况:
	2.清洁场地	完成☐ 未完成☐ 其他情况:
	3.整理收纳使用物品	完成☐ 未完成☐ 其他情况:
	4.完善工单	完成☐ 未完成☐ 其他情况:

五、实训收获及反思

任务评价

对本学习任务进行评价,见表2-6。

准备工作任务评分表 　　　　　　　　　　　　　　　　　表2-6

考核项目	评分标准	分数(分)	学生自评(分)(20%)	小组互评(分)(30%)	教师评价(分)(50%)	小计(分)
小组合作	是否和谐	2				
活动参与	是否积极主动	2				
安全生产	有无安全隐患	2				
环境管理	是否做到	2				
任务方案	是否正确、合理	2				
操作过程	客户基本信息核对	10				
	文件资料和工具检查	20				
	环境维护及清洁	20				
	电话内容叙述	20				
	服务顾问个人仪容仪表准备	10				
任务完成情况	是否圆满完成任务	4				
工具和设备使用	是否规范、标准	2				
劳动纪律	是否能严格遵守	2				
工单填写	是否完整、规范	2				
总分		100				
时间：　年　月　日			得分			

🎯 课后练习

一、填空题

1. 准备工作旨在为客户提供＿＿＿＿＿＿、＿＿＿＿＿＿的服务体验,同时确保服务质量和效率。

2. 预约提醒短信中,应提醒客户携带的资料包括车辆行驶证、＿＿＿＿＿＿及车主本人有效身份证件。

3. 环境维护及清洁工作需要保证客户接待大厅、客户休息室＿＿＿＿＿＿适宜,灯光照度适宜。

二、选择题

1. 准备工作中的接车工具准备不包括(　　)。

A. 检查所有工作单据是否齐全

B. 整理客户休息室,检查并打开音响、影像设备

C. 客户到店前1天短信提醒客户

D. 整理汽车防护用品(如车内五件套)

2. 对于服务顾问的工作准备来说,客户到店前的环境维护工作,不包括( )的场所。

    A. 前台接待区域   B. 客户洽谈区   C. 维修车间   D. 客户休息区

3. 服务顾问个人仪容仪表准备中,以下( )不符合要求。

    A. 按汽车维修企业员工着装标准着装,保证整洁,无破损

    B. 身上有异味,但保证精神面貌饱满

    C. 始终保持微笑的面容

    D. 携带名片及工牌

三、判断题

1. 预约提醒短信和电话提醒是接车工具准备中的重要环节。   ( )

2. 服务顾问个人仪容仪表准备中,只需要注意着装和仪容仪表,不需要保持微笑的面容。   ( )

3. 准备工作中的场地整理及清洁工作对于提升客户满意度有着重要的作用。   ( )

任务三　接车制单

接车制单是指服务人员接待客户车辆,并进行初步检查、记录和安排维护的一系列操作过程。该过程是从门卫识别并引导客户车辆进场开始,直到维护工作开始之前的整个工作流程,包括入场引导、服务顾问客户接待、车辆环车检查、沟通本次维护项目、开具任务委托书、布置五件套等。

一、客户接待

(一)客户接待的目的及意义

1. 展示形象

接待工作是汽车快修店的窗口和门面,是客户建立对汽车快修店好感的基础,服务顾问不仅代表着个人的素养,更代表着汽车快修店的整体形象,所以服务顾问应该注意自己的言行,随时以高标准、严要求来约束自己。

2. 提升专业度

通过仔细聆听客户的需求,进行简单的故障诊断;对车辆进行检查,为客户提出针对性的修理建议;向客户详细解释将要在其车辆上进行的维护工作内容等,让客户感受到自己的专业度,让客户信服。

3. 增进感情

服务顾问和客户沟通的时间其实很有限,所以服务顾问需要在有限的时间内,让客户满意,给客户留下一个良好的印象。因此,个性化的破冰、寒暄就变得很重要了。良好的氛围有助于增进与客户间的感情,可以为后面的维修增项奠定基础。

4. 提升客户满意度

通过专业的接待,给客户带来良好的服务体验,给予客户主动的关怀和个性化的服务,让客户感到被重视、被尊重,从而提升客户满意度。

(二)工作任务描述

整个接待流程旨在通过规范的礼仪和细致的服务提升客户体验,提升客户满意度。客户接待工作任务描述见表2-7。

客户接待工作任务描述表　　　　　　　　表2-7

工作任务描述	操作步骤及要点
前台服务顾问迅速出迎,面带微笑	1. 面带笑容。 2. 向客户示意。 3. 动作迅速;迅速来到顾客面前
礼貌用语"您好!欢迎光临"	1. 礼貌用语言。 2. 热情问候:声音、微笑等
询问客户姓名,确认是否有预约	1. 是否有预约,姓名。 2. 有预约,准确称呼客户。 3. 无预约,询问客户姓名及到店目的
主动为客户打开车门,等候客户下车,礼貌问候客户	1. 打开车门。 2. 礼貌问候,如"早上好"等。 3. 右手放在门框上
向客户简单介绍自己	自报姓名及职务
向客户递交名片	1. 双手递交。 2. 名片正面朝向客户。 3. 身体微前倾
向客户确认预约项目	1. 确认预约项目。 2. 说明工位已预留

二、环车检查

(一)环车检查的好处

1. 对服务顾问的好处

(1)有更多的时间与客户交流,拉近感情。

(2)规避风险,在检查的过程中应该细致、认真。

(3)提升收益。在检查过程中,可以提前告知客户维护项目。比如,在检查刮水器时,如果发现刮水器刮水不干净,可以直接展示给客户,告知客户需要更换刮水器,直观的展示更能够让客户接受增项。除此之外,附件、生活精品的销售和市场活动也能够提升汽车快修店的经济收益,这就要求服务顾问多与客户沟通,了解客户。

(4)提升效率。有些简单的项目服务顾问在进行环车检查时就能够完成,不需要维护技师进行二次检查。同时,服务顾问的精准问诊能够减少技师故障的诊断时间,从而提升工作效率,缩短客户的等待时间。

(5)专业性。标准的环车检查流程、精准的问诊、专业的解答,无一不向客户展示出服务顾问的专业度,从而让客户信服。

2. 对客户的好处

(1)帮助客户更好地了解自己的车辆,包括车况和功能操作。

(2)服务透明化。现场即可确认车辆问题,并确认是否维护。

(3)体验更专业的服务。

3. 对企业的好处

(1)提升品牌形象。客户直接接触的是服务顾问,服务顾问的专业素养和服务意识直接影响客户对企业的印象,所以服务顾问对于提升企业品牌形象尤为重要。

(2)增加收益。客户对企业信任,两者之间有较强的黏性,大量客户愿意在店内进行维护,这样就可以增加企业的收益。

(3)提高客户满意度。

(4)降低投诉风险。服务顾问在环车检查中积极邀请客户一起检查,这样双方都更清楚车辆目前的状况,能够更好地规避风险,从而降低客户投诉的风险。

既然环车检查有这么多好处,服务顾问就应当尽量多花些时间检查车辆,并利用这个机会多与客户交流;同时,说明查车对客户的好处,尽量请客户一起查车。

(二)工作任务描述

整个服务流程旨在通过细致的检查、专业的服务和亲切的沟通,提升客户满意度,并促进服务升级和增值产品的销售。环车检车工作任务描述见表2-8。

环车检车工作任务描述表 表2-8

工作任务描述	操作步骤及要点
提醒客户车内贵重物品是否已收拾好	1.提醒。 2.举例说明(如手机、钱包等)
当面安装防护五件套	1.全部安装脚垫、座椅套、转向盘套说明好处。 2.动作连贯。 3.安装整齐。 4.防护五件套未安装不能进入客户车辆
信息登记	1.将客户信息登记在问诊表上。 2.姓名。 3.联系方式。 4.保险日期(行驶证)

工作任务描述	操作步骤及要点
车内基本功能确认(仪表板)	1. 公里数。 2. 油表。 3. 空调(检查是否有异味,制冷是否正常)。 4. 点烟器
车辆外观检查并记录	1. 引导客户一同检查;共同确认。 2. 检查时必要的寒暄;寒暄语言,不能冷场。 3. 围绕车辆一圈(顺时针,从左前叶子板起)。 4. 检查前后刮水器。 5. 检查车辆轮胎。 6. 检查漆面。 7. 检查前后风窗玻璃及4个车门的玻璃
车辆物品、随车工具检查并记录	1. 询问客户是否方便打开行李舱。 2. 全部说明专用工具、千斤顶、三角警告牌
询问客户是否有其他维修项目	询问技巧(如您看您还有什么需求吗?),引导客户服务说明其故障
具体实施问诊	有详细记录客户对故障描述的原话
客户故障信息反馈	不能冷落客户(聆听、同感、描述)
营销技巧	主动进行精品或增值服务促销
综合素质	1. 礼貌程度及亲和力。 2. 节奏把握能力。 3. 专业程度
问诊表客户签字确认	对问诊表内容进行说明

三、维修报价及委托书签订

环车检查结束,服务顾问需要再次和客户确认维修项目、车辆预计交付时间以及价格等一系列问题,这样有助于后续维修项目的进行。那接下来该如何做呢?

(一)维修报价

1. 维修报价的组成

维修报价通常包括以下几个部分:

(1)工时费:根据维修项目的复杂程度和所需时间来确定。不同车型、不同维修项目以及不同地区的工时费标准可能有所不同。例如,一些高端车型的工时费可能会高于普通车型,而一些复杂的维修项目(如发动机大修)的工时费也会相应增加。

(2)配件费:根据所需更换或维修的配件来确定。配件的价格因品牌、型号、质量等因素而异。在报价时,应明确告知客户所需更换的配件及其价格,以便客户做出选择。

(3)其他费用:如检测费、诊断费、税费等。这些费用可能因快修店政策或地区差异而有所不同。

2.维修报价的注意事项

(1)透明化:维修报价应做到透明化,避免隐瞒或虚报费用。在报价单中应明确列出各项费用及其依据,以便客户核对和比较。

(2)合理性:维修报价应合理,既要考虑快修店的成本和利润,也要考虑客户的承受能力和市场竞争情况。避免过高或过低的报价,以免损害快修店的信誉和客户利益。

(3)灵活性:在与客户沟通时,应保持一定的灵活性,根据客户的实际情况和需求进行适当的调整。例如,对于一些紧急维修项目,可以适当提高工时费,以加快维修进度;对于一些长期合作的客户,可以给予一定的优惠或折扣。

(二)委托书签订

1.委托书的基本内容

委托书通常应包含以下基本内容:

(1)双方信息:明确委托方(车主或车主授权的代理人)和受托方(汽车快修店)的基本信息,包括姓名、联系方式、地址等。

(2)车辆信息:详细记录被维修车辆的品牌、型号、车牌号、车架号等关键信息,以便快修店准确识别车辆并进行针对性的维修。

(3)维修项目:列出需要维修的具体项目,如发动机维修、车身修复、电气系统维修等,以及预计的维修费用和工时。

(4)质量保证期:明确维修后的质量保证期限,以及在此期限内出现维修质量问题的处理方式。

(5)验收标准及方式:规定维修完成后车辆的验收标准和验收方式,确保维修质量符合双方约定。

(6)结算方式及期限:明确维修费用的结算方式和支付期限,如现金、转账或支票等。

(7)违约责任:规定双方违反委托书约定时应承担的违约责任,以约束双方行为,保障合同顺利执行。

(8)其他条款:根据双方需要,可添加其他特殊条款,如维修过程中的保密要求、维修期间的车辆保管责任等。

2.委托书的签订流程

(1)接待咨询:车主或代理人到店咨询维修事宜,维修人员根据车辆情况提出维修建议。

(2)填写委托书:维修人员根据双方协商的结果,填写委托书内容,确保信息准确无误。

(3)审核确认:车主或代理人仔细审核委托书内容,确认无误后签字确认。

(4)签订委托书:双方签字盖章后,委托书正式生效,成为双方维修合同的法律依据。

(5)执行维修:快修店根据委托书内容执行维修工作,确保维修质量和进度。

(6)验收交车:维修完成后,车主或代理人按照验收标准和方式进行验收,合格后办理交车手续。

3. 注意事项

(1)确保信息准确:在填写委托书时,双方应确保信息的准确性和完整性,避免信息错误导致的纠纷。

(2)明确维修项目:维修项目应明确具体,避免模糊不清导致双方对维修范围产生争议。

(3)注意质量保证期:质量保证期是车主权益的重要保障,双方应明确约定并严格遵守。

(4)保留证据:双方应妥善保管委托书及相关证据材料,以便在发生纠纷时作为法律依据。

(三)工作任务描述

整个流程旨在通过主动引导、细致说明和礼貌服务,确保客户对维修项目、费用和时间有清晰的了解,并提供良好的客户体验。维修报价及委托书签订任务描述见表2-9。

维修报价及委托书签订任务描述表　　　　　表2-9

工作任务描述	操作步骤及要点
引导客户至接待室前台并安排其就座	主动引导
为客户提供饮料	1. 倒茶。 2. 礼貌用语:如"请用茶"
向客户确认信息有无变更	主动系统确认客户信息(手机号、联系地址等)
向客户解释说明估价单	1. 填写委托书。 2. 估价单正面朝向客户。 3. 说明作业项目。 4. 说明作业费用。 5. 说明维修时间。 6. 说明交车时间
告知客户在维修过程中发现追加作业项目会及时通知	必须说明
客户在估价单签字确认	1. 告知客户签字地方。 2. 客户签字。 3. 递交签字笔,笔尖不要朝向客户
免费洗车提示	免费提示
将估价单交给客户	1. 委托书双手递交给客户。 2. 提醒客户这是取车凭证
确认客户付款方式	现金或刷卡给予提示
询问客户是否在店内等待维修	必须说明

接 车 制 单

一、实训准备

(1)实训设备:计算机、车辆、汽车经销商管理系统(DMS 系统)。
(2)耗材:纸、笔、五件套、预检单、夹板。

二、实训步骤

背景信息:客户王一先生,138××××××88,车牌云××××××,按照预约时间准时到店进行机油维护,服务顾问××按照标准接待流程接车制单。

要求:

(1)两人一组进行演练:一人扮演服务顾问,一人扮演客户。
(2)扮演客户的同学,在接车制单工作任务表(表2-10)上进行记录,并进行反馈。

接车制单工作任务表 表 2-10

一、操作基本信息	姓名:		班级:			学号:		
	实训时间:		实训地点:					
二、场地准备	项目		操作情况			检查结果		
	1.检查清洁场地		完成□ 未完成□			正常□ 异常□ 异常情况:		
	2.检查实训设备		完成□ 未完成□			正常□ 异常□ 异常情况:		
	3.检查耗材		完成□ 未完成□			正常□ 异常□ 异常情况:		
三、实施过程	实施步骤			完成情况记录				
	(一)接待客户							
	1.前台出迎接待			完成□ 未完成□ 异常情况:				
	2.礼貌用语			完成□ 未完成□ 异常情况:				
	3.询问客户			完成□ 未完成□ 异常情况:				
	4.礼貌接客户下车			完成□ 未完成□ 异常情况:				
	5.向客户自我介绍			完成□ 未完成□ 异常情况:				
	6.向客户递交名片			完成□ 未完成□ 异常情况:				
	7.向客户确认预约作业项目			完成□ 未完成□ 异常情况:				
	(二)环车检查							
	1.提醒客户收拾车内贵重物品			完成□ 未完成□ 异常情况:				
	2.安装防护五件套			完成□ 未完成□ 异常情况:				

续上表

	实施步骤	完成情况记录
三、实施过程	3. 信息登记	完成□　未完成□　异常情况：
	4. 车内基本功能确认	完成□　未完成□　异常情况：
	5. 车辆外观检查并记录	完成□　未完成□　异常情况：
	6. 车辆物品、随车工具检查	完成□　未完成□　异常情况：
	7. 询问客户是否有其他维修项目	完成□　未完成□　异常情况：
	8. 实施问诊	完成□　未完成□　异常情况：
	9. 客户反馈故障信息	完成□　未完成□　异常情况：
	10. 增项营销	完成□　未完成□　异常情况：
	11. 问诊表客户签字确认	完成□　未完成□　异常情况：
	（三）维修报价及委托书签订	
	1. 引导客户至接待室就座	完成□　未完成□　异常情况：
	2. 为客户提供饮料	完成□　未完成□　异常情况：
	3. 向客户确认信息有无变更	完成□　未完成□　异常情况：
	4. 向客户解释说明估价单	完成□　未完成□　异常情况：
	5. 告知客户在维修过程中发现追加作业项目会及时通知	完成□　未完成□　异常情况：
	6. 客户在估价单上签字确认	完成□　未完成□　异常情况：
	7. 免费洗车提示	完成□　未完成□　异常情况：
	8. 将估价单交给客户	完成□　未完成□　异常情况：
	9. 确认客户付款方式	完成□　未完成□　异常情况：
	10. 询问客户是否在店内等待维修	完成□　未完成□　异常情况：
四、场地清洁整理	1. 清洁、整理设备	完成□　未完成□　其他情况：
	2. 清洁场地	完成□　未完成□　其他情况：
	3. 整理收纳使用物品	完成□　未完成□　其他情况：
	4. 完善工单	完成□　未完成□　其他情况：
五、实训收获及反思		

任务评价

对本学习任务进行评价，见表2-11。

接车制单工作任务评分表　　　　　　　　　　　　表 2-11

考核项目	评分标准	分数（分）	学生自评（分）（20%）	小组互评（分）（30%）	教师评价（分）（50%）	小计（分）
小组合作	是否和谐	2				
活动参与	是否积极主动	2				
安全生产	有无安全隐患	2				
环境管理	是否做到	2				
任务方案	是否正确、合理	2				
操作过程	客户接待	15				
	环车检查	20				
	维修报价及委托书签订	25				
	演练反馈	10				
任务完成情况	是否圆满完成任务	5				
工具和设备使用	是否规范、标准	5				
劳动纪律	是否能严格遵守	5				
评分表填写	是否完整、规范	5				
总分		100				
时间：　　年　　月　　日		得分				

课后练习

一、填空题

1. 在接车制单流程中，服务顾问需要主动为客户_____，并等候客户下车，礼貌问候。

2. 环车检查时，服务顾问应引导客户一同检查，并围绕车辆_____（方向）检查，确保不遗漏任何部位。

3. 维修报价单应明确列出各项费用及其依据，包括工时费、_____和其他费用，以做到透明化。

二、选择题

1. 接车制单过程中，服务顾问首次接触客户时应（　　　）。

　　A. 直接询问客户需求　　　　　　　　B. 面带微笑，迅速出迎并礼貌问候

　　C. 立即引导客户至维修区　　　　　　D. 先介绍企业历史与荣誉

2. 在环车检查阶段，服务顾问需要与客户共同确认的内容不包括（　　　）。

　　A. 车辆外观的漆面情况　　　　　　　B. 客户的个人财务信息

　　C. 车辆轮胎的情况　　　　　　　　　D. 车内的基本功能，如空调制冷情况

3. 下列( )不属于委托书的基本内容。

　　A. 维修项目及其费用　　　　　　B. 客户的个人兴趣爱好

　　C. 车辆的品牌、型号及车牌号　　D. 双方信息及维修后的质量保证期

三、判断题

1. 接车制单过程中,服务顾问向客户递交名片时,只需将名片递交给客户,无须特别注意递交方式。 ( )

2. 在车辆外观检查环节,服务顾问只需自己检查并记录,无须客户参与。 ( )

3. 委托书签订后,服务顾问应向客户解释说明估价单,包括作业项目、费用、维修时间及交车时间等关键信息。 ( )

任务四　维　　修

这里的维修即工单处理,是指运用专业知识和技能,对汽车进行故障排查、部件更换、性能调试及维护的过程,旨在恢复车辆性能,确保行车安全,提升客户驾驶体验,通过精准诊断与高效修复,为车主提供安心、可靠的出行保障。

一、工单处理

(一)工单分配

根据维修技师的专长、工作量和工单的紧急程度,合理分配工单,确保每个维修技师都能高效地完成工作,避免资源闲置或浪费。

(二)维修作业

维修技师按照工单上的要求进行维修操作。在维修过程中,应注意安全操作,遵守汽车快修店的各项规章制度。如发现新的问题或需要额外更换的零部件,应及时与客户沟通并征得客户同意。

(三)实时跟踪

通过工单管理系统或人工方式,实时跟踪工单的处理进度,确保工单能够按时完成,并及时向客户反馈维修进度。

二、维修增项

车辆在进入车间进行维护的过程中,维修技师会对车辆进行全面的检查,在检查过程中就会发现一些存在的故障隐患或安全隐患。此时车间维修技师就会告知服务顾问新的维修内容,这就是维修增项。维修增项对维修接待岗位至关重要,它不仅能提升服务个性化,提升客户满意度,还能通过专业沟通促进额外服务销售,增加汽车快修店收益。

（一）维修增项处理工作内容

（1）机修技师：在维修过程中，如果发现新的维修内容，应将新增维修内容及处理方法记录在预检单中，并第一时间通知车间调度员或服务顾问。

（2）服务顾问：须及时将信息反馈给客户，同时必须向客户说明更改后的维修项目、预估时间、预计费用、交车时间。在征得客户同意后告知车间调度员或维修技师实施新的维修方案，开具维修增项工单，并对客户的配合表示感谢。对于索赔性质的修理项目有疑问的，服务顾问应该与索赔员沟通，确定维修方案，并向客户征询维修意见。征得客户同意后，必须重新开具工单。

（二）维修增项处理方法

1. 客户同意维修增项的处理方法

（1）在派工单上填写新增维修内容。

（2）若客户在场，请客户签字确认。

（3）若客户不在场，对客户同意过的维修增项方式进行确认（电话、短信、微信、传真、邮件），之后在客户提取车辆时，请客户在维修工单上补签。

（4）通知车间调度员安排增项维修工作。

2. 客户不同意维修增项的处理方法

（1）对存在安全隐患的增项维修项目，请客户在派工单对应栏内签字，并友情提示客户注意该故障的变化，约请客户尽快维修处理。

（2）对非涉及安全的维修项目，进行用车温馨提示。

（3）通知车间调度员安排下一步维修工作。

（三）维修增项工作任务描述

整个流程旨在确保维修增项的透明度，保障客户权益，同时提高维修效率和服务质量。维修增项工作任务描述见表2-12。

维修增项工作任务描述表　　　　　　　　　　　表2-12

工作任务描述	操作步骤及要点
维修增项准备	1. 维修技师报告维修增项，分析新增项目故障原因。 2. 分析维修增项的必要性及不增项可能导致的故障隐患。 3. 预估新增项目的费用及交车时间。 4. 填写维修增项单
与客户沟通维修增项事宜	1. 问候客户：客户在店等待，直接找到客户；客户未在店，则通过电话、微信、短信等联系客户。 2. 说明维修增项原因及项目内容。 3. 解释新增项目的必要性。 4. 说明费用及交车时间。 5. 客户同意增项确认签字；如果客户不同意增项，进行用车温馨提示

续上表

工作任务描述	操作步骤及要点
与客户沟通维修增项事宜	拨打维修增项电话话术： ××先生/女士,您好! 我是刚才接待您的服务顾问××,不好意思打扰到您,我们的维修技师正在为您的爱车进行维护,维修技师在检查过程中发现您的爱车出现××现象,是由××原因造成的,如果不维修会造成××后果,所以我建议您进行更换。 客户同意更换： 更换的零件费××元,工时费××元,合计××元,加上您之前维修的费用××元,一共是××元。预计的交车时间将会往后延××min,新的交车时间是××:××。更换下来的旧件是否需要保留。 ××先生/女士,我给您核对一下本次的维修增项信息,需要更换××,零件费××元,工时费××元,合计××元,加上您之前维修的费用××元,一共是××元。新的交车时间是××:××,旧件保留/不保留,稍后请您签字确认。请问您这边还有什么问题吗? 不打扰您了,那我让维修技师尽快为您处理,您先忙,我们稍后见。 客户不同意更换： 如果涉及安全:我已经告知您了不维修的后果,稍后请您签署一下免责协议。那我就先不打扰您了,您先忙,我们稍后见。 不涉及安全:那我就先不打扰您了,您先忙,我们稍后见
派工维修及跟踪	1.客户同意维修增项,告知车间维修技师派工维修。 2.跟踪车辆维修进度,进行客户关怀

⚙️ 任务实施

维　　修

一、实训准备

(1)实训设备:工位、电话。

(2)耗材:纸、笔、夹板、增项单。

二、实训步骤

背景信息:客户王一先生,138×××××88,车牌云××××××,在车辆维修过程中维修技师发现刮水器刮水不干净,制动片磨损过度,需要进行更换。维修技师及时将问题反馈给服务顾问,服务顾问××拨打维修增项电话联系客户。

(一)维修增项话术编写

要求:

(1)进行维修增项话术的编写。

(2)独立完成。

(3)完成后,组员之间进行交换评阅。

(4)评选一份最好的话术进行展示。

_____

_____

_____

_____

_____

(二)维修增项电话演练

要求:

(1)两人一组进行演练:一人扮演服务顾问,一人扮演客户。

(2)扮演客户的同学,在维修增项工作任务表(表2-13)上进行记录,并进行反馈。

维修增项工作任务表 表2-13

一、操作基本信息	姓名:		班级:		学号:		
	实训时间:		实训地点:				
二、场地准备	项目		操作情况		检查结果		
	1.检查清洁场地		完成□ 未完成□		正常□ 异常□ 异常情况:		
	2.检查实训设备		完成□ 未完成□		正常□ 异常□ 异常情况:		
	3.检查耗材		完成□ 未完成□		正常□ 异常□ 异常情况:		
三、实施过程	实施步骤			完成情况记录			
	(一)维修增项准备						
	1.分析新增项目故障原因			完成□ 未完成□ 异常情况:			
	2.分析不增项将导致的故障隐患			完成□ 未完成□ 异常情况:			
	3.预估新增项目费用及交车时间			完成□ 未完成□ 异常情况:			
	4.填写维修增项单			完成□ 未完成□ 异常情况:			
	(二)与客户沟通增项事宜						
	1.问候客户			完成□ 未完成□ 异常情况:			
	2.说明增项原因及项目内容			完成□ 未完成□ 异常情况:			
	3.解释新增项目的必要性			完成□ 未完成□ 异常情况:			
	4.说明费用及交车时间			完成□ 未完成□ 异常情况:			
	5.客户同意维修增项确认签字;如果客户不同意维修增项,进行用车温馨提示			完成□ 未完成□ 异常情况:			
	(三)派工维修及跟踪						
	1.派工维修			完成□ 未完成□ 异常情况:			
	2.跟踪车辆维修进度,进行客户关怀			完成□ 未完成□ 异常情况:			

续上表

	实施步骤	完成情况记录
四、场地清洁整理	1.清洁、整理设备	完成□　未完成□　其他情况：
	2.清洁场地	完成□　未完成□　其他情况：
	3.整理收纳使用物品	完成□　未完成□　其他情况：
	4.完善工单	完成□　未完成□　其他情况：
五、实训收获及反思		

任务评价

对本学习任务进行评价,见表2-14。

维修增项工作任务评分表　　　　　　表2-14

考核项目	评分标准	分数(分)	学生自评(分)(20%)	小组互评(分)(30%)	教师评价(分)(50%)	小计(分)
小组合作	是否和谐	2				
活动参与	是否积极主动	2				
安全生产	有无安全隐患	2				
环境管理	是否做到	2				
任务方案	是否正确、合理	2				
操作过程	维修增项准备	25				
	与客户沟通维修增项事宜	30				
	派工维修及跟踪	25				
任务完成情况	是否圆满完成任务	4				
工具和设备使用	是否规范、标准	2				
劳动纪律	是否能严格遵守	2				
评分表填写	是否完整、规范	2				
总分		100				
时间：　年　月　日			得分			

课后练习

一、填空题

1.维修工单的处理包括_____、维修作业和实时跟踪三个主要环节。

2.维修增项时,机修技师发现新问题后应记录在＿＿＿＿＿＿＿＿中,并通知车间调度或服务顾问。

3.维修增项的核心目标包括保障客户权益、提高服务质量和＿＿＿＿＿＿＿＿。

二、选择题

1.以下(　　)不属于工单分配的主要依据。

　　A.技师专长　　　　　　　B.工单紧急程度　　　　　　C.客户车辆品牌

2.下列(　　)不属于维修增项的处理方法。

　　A.客户同意维修增项后,立即进行派工维修

　　B.客户不同意涉及安全的维修项目时,请客户签署免责协议

　　C.对于非涉及安全的维修项目,进行维修费用的打折处理以促使客户同意

3.维修增项工作任务中,与客户沟通维修增项事宜时,服务顾问需要(　　)。

　　A.仅通过电话方式联系客户

　　B.说明维修增项原因、项目内容、必要性及费用和时间

　　C.直接告知客户必须接受维修增项,否则影响车辆保修

三、判断题

1.维修增项电话沟通话术中,服务顾问需优先说明的内容是旧件处理方式。　　(　　)

2.维修增项不仅能提升服务个性化,还能通过专业沟通增加企业收益。　　(　　)

3.增项处理流程要求服务顾问跟踪维修进度并进行客户关怀。　　(　　)

任务五　维修质量检验和交车准备

汽车维修质量是对汽车本身质量的维持和保障,汽车维修质量的好坏决定了汽车能否以良好的技术状态安全地行驶。因此,汽车快修店必须高度重视汽车维修质量,采取严格的技术手段和管理措施,保证和提高汽车维修质量。此外,服务顾问做好充足的交车准备,也能为客户提供良好的维修体验。

一、维修质量检验

汽车维修质量检验即质检,是指汽车维修技术人员采用相应的检验手段,按照规定的检验方法,对在修车辆和维修后车辆的质量进行测定,将整车、总成、零件和维修工序的测定结果与评定标准参数进行比较,判断其维修质量是否合格。

(一)汽车维修质量检验的工作任务

(1)对车辆维修的每一道工序进行检验。若发现维修质量问题,则及时采取措施解决问题,防止影响下一道工序的工作,影响维修工期。

(2)严格控制零配件、原材料的入库和出库检验,从源头保证维修质量。对维修过程和外加工零件进行检验,保证为维修车辆更换的零部件为合格件。

(3)随时向维修质量主管部门汇报维修质量检验结果,加强监管和监督力度,及时处理维修责任事故。

(二)汽车维修质量检验步骤

(1)明确检验项目、检验项目的质量特性及参数,掌握检验规则和数据处理方法。

(2)利用规定的检验方法检验待测对象,并得出维修质量特征值。

(3)将所测得的维修质量特性数据与汽车维修技术标准进行分析比较,判断其是否符合汽车维修质量要求。

(4)根据分析比较的结果,判定本项维修作业质量合格与否。

(5)对维修质量合格的维修作业项目签署合格意见;对汽车维修竣工出厂检验合格的车辆,签发维修合格证;对维修质量不合格的车辆,提出返工处理意见。

这部分内容主要由车间完成。

二、交车准备

(一)服务顾问进行交车前的最终检查

(1)逐项核对工单维修项目,检查工作时间标注、配件领用种类和数量、工作项目是否重复等。

(2)检查维修技师签字、质检人员签字、客户确认签字是否完整。

(3)检查车辆外观,应无清洗水迹、污点,轮辋缝应清洁,发动机舱应清洁,漏雨口应无异物,座椅应复位,内饰无施工油迹,地毯清洁,烟灰缸已清理等。

(4)使用专用的旧件袋或者干净的原包装包裹换下的配件,并将其放到车辆行李舱;剩余机油、防冻液等液态配件有效密封、防止渗漏;泡沫清洗剂等易燃易爆物,需当面交给车主并做特殊说明。

(5)检查维修维护规范中规定的常规项目,如轮胎气压、灯光、车铰链轮滑、玻璃清洗液、机油液位、蓄电池极桩氧化、防冻液和制动液等。

(6)钟表复位(拆装蓄电池后),维护提示复位。

(二)收集整理车辆维修的文件资料并通知客户

(1)收集随车的车辆预检单、维修工单等随车联。

(2)打印或填写修结算单,核对维修项目,检查工时配件的收费情况、承诺时间和完工时间。

(3)取出代客保留物品,填写定期维护提示牌。

(4)到休息区请客户。

(三)交车准备工作任务描述

以下步骤是交车准备工作的流程,体现了汽车快修店对维修质量的严格把控及对客户体验的重视,交车准备工作任务描述见表2-15。

表2-15

工作任务描述	操作步骤及要点
交车准备	1.检查车辆维修项目是否完成。 2.对车辆外观、物品进行确认。 3.对照实车检查表,检查车身油漆,是否有新增损坏。 4.确保车头朝外,方便客户出厂。 5.确保车辆门窗关闭,车门锁好
竣工通知	1.主动来到休息室,找到客户。 2.通知客户车辆已经完成维修

任务实施

维修质量检验和交车准备

一、实训准备

(1)实训设备:工位、电话、DMS 系统、车辆、刮水器旧刮片、旧制动片。
(2)耗材:纸、笔、预检单、夹板。

二、实训步骤

背景信息:客户王一先生,138××××××88,车牌云×××××,车辆进行了机油维护,更换了刮水器和制动片,旧件需要保留,现在服务顾问需要进行交车前的准备。

要求:

(1)两人一组进行演练:一人扮演服务顾问,一人扮演观察员。

(2)扮演观察员的同学,在维修质量检验和交车准备任务表(表2-16)上进行记录,并进行反馈。

维修质量检验和交车准备任务表 表2-16

一、操作基本信息	姓名:		班级:		学号:	
	实训时间:		实训地点:			
二、场地准备	项目	操作情况		检查结果		
	1.检查清洁场地	完成□ 未完成□		正常□ 异常□ 异常情况:		
	2.检查实训设备	完成□ 未完成□		正常□ 异常□ 异常情况:		
	3.检查耗材	完成□ 未完成□		正常□ 异常□ 异常情况:		
三、实施过程	实施步骤		完成情况记录			
	(一)服务顾问对车辆进行确认					
	1.检查车辆维修项目是否完成		完成□ 未完成□ 异常情况:			

续上表

实施步骤	完成情况记录		
2.检查车辆清洗是否达到交车的标准	完成□	未完成□	异常情况:
3.对车辆外观、物品进行确认	完成□	未完成□	异常情况:
4.对照实车检查表,检查车身油漆,是否有新增损坏	完成□	未完成□	异常情况:
5.确保车头朝外,方便客户出厂	完成□	未完成□	异常情况:
6.确保车辆门窗关闭,车门锁好	完成□	未完成□	异常情况:
(二)竣工通知			
1.利用系统制作和打印结算单	完成□	未完成□	异常情况:
2.通知客户车辆已经完成维修	完成□	未完成□	异常情况:
3.说明在约定的时间内已完成工作	完成□	未完成□	异常情况:

其中"三、实施过程"为左侧第一列合并单元格。

	实施步骤	完成情况记录		
四、场地清洁整理	1.清洁、整理设备	完成□	未完成□	其他情况:
	2.清洁场地	完成□	未完成□	其他情况:
	3.整理收纳使用物品	完成□	未完成□	其他情况:
	4.完善工单	完成□	未完成□	其他情况:

五、实训收获及反思

🛠 任务评价

对本学习任务进行评价,见表2-17。

维修质量检验、交车准备工作任务评分表　　表2-17

考核项目	评分标准	分数(分)	学生自评(分)(20%)	小组互评(分)(30%)	教师评价(分)(50%)	小计(分)
小组合作	是否和谐	2				
活动参与	是否积极主动	2				
安全生产	有无安全隐患	2				
环境管理	是否做到	2				
任务方案	是否正确、合理	2				
操作过程	对车辆进行确认	30				
	竣工通知	20				
	演练反馈	30				

续上表

考核项目	评分标准	分数（分）	学生自评(分)（20%）	小组互评(分)（30%）	教师评价(分)（50%）	小计（分）
任务完成情况	是否圆满完成任务	4				
工具和设备使用	是否规范、标准	2				
劳动纪律	是否能严格遵守	2				
评分表填写	是否完整、规范	2				
总分		100				
时间：　年　月　日			得分			

课后练习

一、填空题

1.汽车维修质量检验需明确检验项目、检测项的_____，掌握检验规则和数据处理方法。

2.交车准备阶段，服务顾问需要收集并整理随车的_____和维修工单等随车联。

3.服务顾问进行交车前的最终检查包括检车技工签字、质检人员签字、_____是否完整。

二、选择题

1.汽车维修质量检验的主要目的是(　　　)。
　　A.检查维修技师的工作效率　　　　　　　　B.判定维修后的车辆质量是否合格
　　C.评估车间的整洁度

2.在交车准备阶段，服务顾问需要确认的一项关键内容是(　　　)。
　　A.维修车间的工具是否齐全　　　　　　　　B.车辆维修项目是否全部完成
　　C.客户的付款方式是否已确定

3.维修质量检验步骤中，不包括(　　　)。
　　A.明确检验项目和检验项目的质量特性
　　B.维修技术人员自行决定维修质量是否合格
　　C.将所测得的维修质量特性数据与汽车维修技术标准进行比较

三、判断题

1.维修质量检验只能由车间技术人员完成，服务顾问无须参与。　　　　　　　　(　　　)

2.在交车准备阶段，服务顾问无须对车辆进行清洗，因为这不是其职责范围内的工作。
　　　　　　　　　　　　　　　　　　　　　　　　　　　　　　　　　　　(　　　)

3.维修质量检验是对每一道工序的维修质量进行检验，无须对整车质量进行最终检验。
　　　　　　　　　　　　　　　　　　　　　　　　　　　　　　　　　　　(　　　)

任务六 结 算 交 车

在维修业务接待中,结算交车是维修流程的关键一环。在此环节,服务顾问会与客户核对维修项目与费用,确保透明无误后完成结算。同时,服务顾问引导客户验车,确认维修质量,确保车辆安全上路。结算交车不仅标志着维修服务的圆满结束,更是展现企业诚信与专业形象的重要时刻,对提升客户满意度、增强客户信任及促进口碑传播具有不可估量的作用。

一、维修成果验收

(一)维修成果验收步骤

(1)陪同客户进行成果验收,并告知客户在预计交车时间内准时完工。

(2)逐项核对维修项目,并说明修复的部位和使用的配件。

(3)解释说明所做的免费检测项目和洗车服务。

(4)向客户展示更换下来的旧件,剩余液态配件要为客户做特殊说明。

(5)提醒客户下次维护或维修的时间、项目,提醒本次未完成的推荐项目。

(二)维修成果验收工作任务描述

维修成果验收工作任务描述表见表2-18。

维修成果验收工作任务描述表 表2-18

工作任务描述	操作步骤及要点
引导客户到交车区交接车辆	1. 主动邀请客户一同对车辆进行交车前的检查。 2. 引导客户到交车区。 3. 为客户打开车门。 4. 当面取下车上五件套
效果展示与说明	1. 就清洗情况、车身钣金和油漆的情况与客户复查确认。 2. 展示维修成果及维修说明。 3. 展示旧件

二、结算

(一)打印预览结算单

(1)利用计算机完成并打印预览结算单。

（2）在维护手册中记录已维护的项目（如果有），并加盖服务站印章。

（3）在与客户商定的交付车辆时间前，面带微笑、礼貌地通知客户准备提车。

（二）向客户详细说明维护的内容和费用

（1）耐心地说明每个维护项目的工作过程及结果：

①故障原因分析及故障处理方法。

②更换的零件。

③如有必要同客户一同进行路试。

（2）详细说明维修费用：

①每项工作分别包含的配件费、工时费及工项小计。

②总配件费、总工时费，费用总计。

③优惠或免费项目也需要说明（套餐项目、质量担保项目等）。

（3）依据维护表单，对保修手册上的记录进行说明（如果有），简要介绍保修条款和定期维护的重要性。

（4）向客户介绍增值服务项目（如果有），说明已经完成且是免费的（如优惠活动等）。

（5）用维护质检单，向客户建议近期要做的维护。

（6）提醒客户下次维护的里程或时间。

（三）维修费用结算

（1）请客户在结算单上签字确认。

（2）向客户说明付费方式（现金、刷卡），并获得客户认可。

（3）引领客户到收银台结算费用。现在大部分企业为方便客户，提升客户满意度，可在服务顾问工位直接扫码付款，或者可以在企业 App 中付款。

（4）开具发票（仅指自费项目，首保、质量担保等项目除外）。

（5）客户付款后，将所有单据（派工单、维护表单、维护质检单、结算单、发票）放入"发票袋"，同维护手册一并交给客户。

结算账单工作任务描述见表 2-19。

结算账单工作任务描述表   表 2-19

工作任务描述	操作步骤及要点
引导客户到前台，用单据进行费用说明解释	1. 出示施工单和预览结算单。 2. 逐项说明所完成的维修项目。 3. 请客户在 30 项检查表上签字并向客户建议近期要做的维修项目。 4. 请客户在预览结算单上签字确认。 5. 和客户确认费用的支付方式
引导客户到收银台	1. 陪同客户到收银处，销售会员卡。 2. 向收银员说明客户付款总额和付款方式

三、车辆交付

引导客户结算结束后,服务顾问应亲自将车辆交到客户手中,并进行道别,这样能够体现出服务顾问对客户贴心的服务,提高客户的满意度。

车辆交付工作任务描述见表2-20。

车辆交付工作任务描述表　　　　　　　　表2-20

工作任务描述	操作步骤及要点
引导客户到车辆交付区	1.结算完成后,引导客户到维修交车区。 2.当面询问服务质量
引导客户添加企业微信	用企业微信添加客户,告知客户以后可以通过企业微信进行预约并告知客户预约的好处或者咨询相关问题,企业微信也会定期发送店内的活动
下次维护提醒	告别过程中再次说明下次的维护时间、维护里程
确认回访时间	1.向客户说明回访电话的目的。 2.询问客户方便接听电话的时间。 3.记录客户方便接听电话的时间
送别客户	1.感谢客户光临本店。 2.赠送小礼物。 3.帮助客户打开车门。 4.挥手送别,直至客户离开

任务实施

结 算 交 车

一、实训准备

(1)实训设备:工位、DMS 系统、车辆、旧刮水器、旧制动片。
(2)耗材:纸、笔、预检单、维护质检单、预览结算单、小礼物。

二、实训步骤

背景信息:客户王一先生,138××××××88,车牌云×××××,车辆进行了机油维护、更换了雨刮片和制动片,旧件需要保留,车辆的维修工作已全部完成,现准备结算交车。

要求:

(1)两人一组进行演练:一人扮演服务顾问,一人扮演观察员。

(2)扮演观察员的同学,在结算交车任务工作表(表2-21)上进行记录,并进行反馈。

结算交车任务工作表

表2-21

一、操作基本信息	姓名：		班级：		学号：	
	实训时间：		实训地点：			

	项目	操作情况	检查结果
二、场地准备	1.检查清洁场地	完成□ 未完成□	正常□ 异常□ 异常情况：
	2.检查实训设备	完成□ 未完成□	正常□ 异常□ 异常情况：
	3.检查耗材	完成□ 未完成□	正常□ 异常□ 异常情况：

	实施步骤	完成情况记录
三、实施过程	(一)引导客户交接车辆	
	1.引导客户到交车区	完成□ 未完成□ 异常情况：
	2.为客户打开车门	完成□ 未完成□ 异常情况：
	3.当着客户的面取下车上五件套,并有语言提示	完成□ 未完成□ 异常情况：
	(二)效果展示与说明	
	1.就清洗情况、车身钣金和油漆的情况与客户复查确认	完成□ 未完成□ 异常情况：
	2.展示维修成果及维修说明	完成□ 未完成□ 异常情况：
	3.展示旧件	完成□ 未完成□ 异常情况：
	(三)引导客户到前台解释费用	
	1.出示施工单和预览结算单	完成□ 未完成□ 异常情况：
	2.逐项说明所完成的维修项目	完成□ 未完成□ 异常情况：
	3.逐项说明对应的维修费用	完成□ 未完成□ 异常情况：
	4.请客户在30项检查表上签字	完成□ 未完成□ 异常情况：
	5.请客户在结算单上签字确认	完成□ 未完成□ 异常情况：
	6.和客户确认费用的支付方式	完成□ 未完成□ 异常情况：
	(四)引导客户到收银台	
	1.陪同客户到收银台,销售会员卡	完成□ 未完成□ 异常情况：
	2.向收银员说明客户付款总额和付款方式	完成□ 未完成□ 异常情况：
	3.结算完成后,引导客户到维修交车区	完成□ 未完成□ 异常情况：
	4.当面询问服务质量	完成□ 未完成□ 异常情况：
	(五)微信添加	
	用企业微信添加客户	完成□ 未完成□ 异常情况：
	(六)下次维护提醒	
	1.说明下次维护时间	完成□ 未完成□ 异常情况：
	2.说明下次维护里程	完成□ 未完成□ 异常情况：
	3.说明预约优点	完成□ 未完成□ 异常情况：

续上表

	实施步骤	完成情况记录
三、实施过程	（七）确认回访时间	
	1.向客户说明回访电话的目的	完成□　未完成□　异常情况：
	2.询问客户方便接听电话的时间	完成□　未完成□　异常情况：
	3.记录客户方便接听电话的时间	完成□　未完成□　异常情况：
	（八）送别客户	
	1.感谢客户光临本店	完成□　未完成□　异常情况：
	2.赠送小礼物	完成□　未完成□　异常情况：
	3.帮助客户打开车门	完成□　未完成□　异常情况：
	4.挥手送别，直至客户离开	完成□　未完成□　异常情况：
四、场地清洁整理	1.清洁、整理设备	完成□　未完成□　其他情况：
	2.清洁场地	完成□　未完成□　其他情况：
	3.整理收纳使用物品	完成□　未完成□　其他情况：
	4.完善工单	完成□　未完成□　其他情况：
五、实训收获及反思		

任务评价

对本学习任务进行评价，见表2-22。

交车准备工作任务评分表　　　　　　表2-22

考核项目	评分标准	分数（分）	学生自评(分)（20%）	小组互评(分)（30%）	教师评价(分)（50%）	小计（分）
小组合作	是否和谐	2				
活动参与	是否积极主动	2				
安全生产	有无安全隐患	2				
环境管理	是否做到	2				
任务方案	是否正确、合理	2				
操作过程	客户交接车辆引导	10				
	效果展示与说明	10				
	引导客户到前台解释费用	10				

续上表

考核项目	评分标准	分数 (分)	学生自评(分) (20%)	小组互评(分) (30%)	教师评价(分) (50%)	小计 (分)
操作过程	引导客户到收银台	10				
	微信添加	10				
	下次维护提醒	10				
	回访时间确认	10				
	客户送别	10				
任务完成情况	是否圆满完成任务	4				
工具和设备使用	是否规范、标准	2				
劳动纪律	是否能严格遵守	2				
评分表填写	是否完整、规范	2				
总分		100				
时间： 年 月 日		得分				

课后练习

一、填空题

1.维修费用结算时,请客户在《＿＿＿＿＿》上签字确认。

2.在维修成果验收阶段,需要向客户解释说明所做的＿＿＿＿＿和洗车服务。

3.向客户进行维修费用说明每项工作分别包含的配件费、工时费及＿＿＿＿＿。

二、选择题

1.结算交车环节的主要目的是(   )。

　A.展示企业的新技术

　B.展示企业的维修成果,确保费用透明,并提升客户满意度

　C.推销企业的增值服务

　D.尽快完成维修流程,减少客户等待时间

2.在维修成果验收阶段,服务顾问需要(   )。

　A.只需向客户展示更换下来的旧件

　B.无须陪同客户进行验收

　C.逐项核对维修项目,并说明修复的部位和使用的配件

　D.只需告知客户维修费用,无须说明维修过程

3.结算时,服务顾问需要向客户详细说明的内容不包括(   )。

　A.每个维修项目的费用明细　　　B.维修过程中遇到的困难和挑战

　C.已完成的免费检测项目和洗车服务　　D.优惠或免费项目的具体情况

4.下列(　　)不属于车辆交付阶段的任务。

　　A.陪同客户到收银台结算费用　　　　B.向客户说明下次维护的时间和里程

　　C.感谢客户光临,并挥手送别　　　　D.记录客户方便接听回访电话的时间

三、判断题

1.在结算交车环节,服务顾问只需向客户出示结算单,让客户直接缴费。　　　　(　　)

2.交车前需当客户面取下车内五件套。　　　　　　　　　　　　　　　　　(　　)

3.车辆交付时,服务顾问可以仅通过电话或短信方式告知客户车辆已修好,无须亲自交付。　　　　　　　　　　　　　　　　　　　　　　　　　　　　　　　　(　　)

任务七　跟踪回访

跟踪回访的目的是车辆维修后,服务顾问对客户进行回访,使客户能够持续享受到企业给予的关怀服务,提高客户满意度和忠诚度。

一、跟踪回访的技巧

(一)做好充分的准备工作

1.资料准备

跟踪回访时需要很多历史资料的支持,首先要回忆接待时的情景。如果对客户没有印象,一定要通过查询历史记录尽可能回忆客户的某些特征,在回访过程中叙述客户的特征,让客户尽快回想起。因此记录客户的信息时一定要详尽,并能够突出特征。

2.心理准备

跟踪回访无论是电话沟通,还是登门拜访都可能遇到客户的拒绝,在遇到拒绝的时候切忌无言以对。服务顾问应当正确分析客户抗拒的原因,组织委婉的话术进行应对。遇到自己不了解的问题,如实回答,寻求解决办法。很多时候客户的拒绝都会对服务顾问的心理造成伤害导致其失去信心,因此回访前服务顾问要做好充分的心理准备。拒绝是回访的必然经历,积极的态度是避免拒绝发生的唯一解决办法。

(二)礼仪规范服务

规范服务礼仪,保持微笑,尊称客户,把握好通话时机和通话时长,使通话更富有成效。

(三)选择合适的回访时间

跟踪回访的时间应选择客户方便的时间,也可以是与客户约定的时间。一般情况下对不同职业的客户应在不同的时间给予回访。例如,自由职业者,在15:00—18:00时对其进

行回访较为适宜;对于普通工作群体,因其工作时间较固定,9:00—11:00 或者 15:00—17:00 这两个时段较为适宜。

二、跟踪回访工作任务描述

整个回访流程旨在通过规范的回访话术,提高服务质量,提升用户满意度,并促进客户的下次维护预约。跟踪回访工作任务描述见表 2-23。

跟踪回访工作任务描述表   表 2-23

工作任务描述	操作步骤及要点
物品准备	准备好回访一览表
自我介绍	1. 自报店名。 2. 自报职务。 3. 自报姓名
	推荐话术: 您好,我是××汽车快修店的服务顾问××
确认客户身份,询问是否方便接听	1. 确认客户身份。 2. 询问是否方便接听电话
	推荐话术: 请问您是车牌××的车主××先生/女士吗?请问您现在方便接听电话吗
回访电话内容叙述	1. 说明是回访电话。 2. 对客户的来店表示感谢。 3. 询问车辆维修结果(据当月回访内容)。 4. 询问客户的意见并记录
	推荐话术: 为了提高我们的服务质量,我现在需要耽误您几分钟时间对您上次的维修情况进行一个回访。非常感谢您选择了我们店,当时您是做了××这些项目吗?您现在觉得车辆维修后使用起来怎么样?您对我们的维修和服务还满意吗
下次维护提醒	1. 说明下次维护时间。 2. 说明下次维护里程。 3. 说明预约优点
	推荐话术: 为了您能正常用车,我们再次提醒您,您的车辆下次维护的时间是××,下次维护的里程是××,先到者为准,届时还请您提前预约,我们会为您提前准备好工位、维修技师和零件,节省您的等待时间
结束	1. 再次对客户的配合表示感谢。 2. 等待客户挂断电话后再挂断电话
	推荐话术: 再次感谢您的接听,祝您生活愉快,请您先挂断电话

任务实施

跟 踪 回 访

一、实训准备

(1)实训设备:工位、DMS 系统。
(2)耗材:纸、笔。

二、实训步骤

背景信息:客户王一先生,138××××88,车牌云×××××,车辆进行了机油维护、更换了雨刮片和制动片,已离店,现需进行跟踪回访。

(一)跟踪回访话术编写

要求:

(1)根据跟踪回访步骤进行话术的编写。
(2)独立完成。
(3)完成后组员之间交换评阅。
(4)评选一份最好的话术进行展示。

_____

_____

_____

_____

(二)跟踪回访话术演练

要求:

(1)根据上述话术进行演练。
(2)两人一组进行演练:一人扮演客户,一人扮演服务顾问。
(3)扮演客户的同学,在跟踪回访任务表(表 2-24)上进行记录,并进行反馈。

跟踪回访任务表　　　　　　　　　　　　　　　　表 2-24

一、操作基本信息	姓名:		班级:		学号:	
	实训时间:		实训地点:			
二、场地准备	项目		操作情况		检查结果	
	1.检查清洁场地		完成☐　未完成☐		正常☐　异常☐　异常情况:	
	2.检查实训设备		完成☐　未完成☐		正常☐　异常☐　异常情况:	
	3.检查耗材		完成☐　未完成☐		正常☐　异常☐　异常情况:	

实施步骤	完成情况记录
(一)物品准备	
准备好回访一览表	完成☐ 未完成☐ 异常情况：
(二)自我介绍	
1.自报店名	完成☐ 未完成☐ 异常情况：
2.自报职务	完成☐ 未完成☐ 异常情况：
3.自报姓名	完成☐ 未完成☐ 异常情况：
(三)确认客户身份	
1.确认客户身份	完成☐ 未完成☐ 异常情况：
2.询问是否方便接听电话	完成☐ 未完成☐ 异常情况：
(四)回访电话内容叙述	
1.说明是回访电话	完成☐ 未完成☐ 异常情况：
2.对客户的来店表示感谢	完成☐ 未完成☐ 异常情况：
3.询问车辆维修结果(据当月回访内容)	完成☐ 未完成☐ 异常情况：
(五)下次维护提醒	
1.说明下次维护时间	完成☐ 未完成☐ 异常情况：
2.说明下次维护里程	完成☐ 未完成☐ 异常情况：
3.说明预约优点	完成☐ 未完成☐ 异常情况：
(六)结束动作	
1.再次对客户的配合表示感谢	完成☐ 未完成☐ 异常情况：
2.等待客户挂断电话后再挂断电话	完成☐ 未完成☐ 异常情况：

注：三、实施过程（贯穿上表所有实施步骤行）

四、场地清洁整理	1.清洁、整理设备	完成☐ 未完成☐ 其他情况：
	2.清洁场地	完成☐ 未完成☐ 其他情况：
	3.整理收纳使用物品	完成☐ 未完成☐ 其他情况：
	4.完善工单	完成☐ 未完成☐ 其他情况：

五、实训收获及反思

🏵 任务评价

对本学习任务进行评价,见表2-25。

跟踪回访工作任务评分表　　　　　　　　　　表2-25

考核项目	评分标准	分数(分)	学生自评(分)(20%)	小组互评(分)(30%)	教师评价(分)(50%)	小计(分)
小组合作	是否和谐	2				
活动参与	是否积极主动	2				
安全生产	有无安全隐患	2				
环境管理	是否做到	2				
任务方案	是否正确、合理	2				
操作过程	物品准备	10				
	自我介绍	15				
	客户身份确认	10				
	回访电话内容叙述	20				
	下次维护提醒	15				
	结束动作	10				
任务完成情况	是否圆满完成任务	4				
工具和设备使用	是否规范、标准	2				
劳动纪律	是否能严格遵守	2				
评分表填写	是否完整、规范	2				
总分		100				
时间：　年　月　日			得分			

课后练习

一、填空题

1. 跟踪回访的目的是车辆维修后，_____对客户的回访,让客户持续感受到企业的关怀服务。

2. 回访前需准备的资料包括客户历史记录和突出客户特征的_____。

3. 回访电话中需确认用户身份时,推荐话术需包含车牌号和_____。

二、选择题

1. 下列(　　)不属于跟踪回访时的礼仪规范服务。

　　A. 保持微笑　　　　　　　　　　　　B. 尊称客户

　　C. 随意打断客户讲话　　　　　　　　D. 把握好通话时机和长度

2. 回访电话中"自我介绍"的正确步骤是(　　)。

　　A. 仅说明姓名　　　　　　　　　　　B. 说明店名、职务、姓名

　　C. 说明客户车牌号　　　　　　　　　D. 直接询问车辆情况

3.在回访电话结束时,服务顾问应(　　　)。

  A.立即挂断电话   B.等待客户挂断电话后再挂断

  C.先挂断电话以示礼貌   D.无需特别关注挂断顺序

三、判断题

1.在回访过程中,为了节省时间,可以不必询问客户是否方便接听电话。 (　　　)

2.跟踪回访的时间可以随意选择,无须考虑客户的方便。 (　　　)

3.回访电话结束时,服务顾问应再次对客户的配合表示感谢,并等待客户挂断电话后再挂断。 (　　　)

技术篇

项目三
车辆外部功能检查

📀 项目描述

本项目介绍车身及车身外部功能件的检查。漆面是车辆外观的重要组成部分,漆面检查可以发现如划痕、锈迹、褪色、起泡等潜在问题,其成色和状况直接反映了车辆的维护情况和使用年限。这些问题如果不及时处理,可能会进一步恶化,影响车辆的整体美观和价值。车身外部功能件的良好状态是行车安全的重要保障,它直接关系到车辆的安全性、舒适性、便捷性和行驶体验。本项目旨在培养学生对车身各部分细致入微的检查能力,确保车辆在快速维护过程中能够及时发现并处理潜在问题;要求学生掌握全面检查车辆的照明系统和各类外部功能设备的方法,确保其正常运作,提高行车安全性。

本项目包括以下两个任务:

任务一　车身外观检查

任务二　车身功能检查

🔧 学习目标

◈ 知识目标

1.能够识别划痕、凹陷、锈蚀、褪色等漆面损伤,了解各种损伤的成因及预防措施。

2.熟悉汽车照明系统的组成,包括前照灯、转向灯、制动灯、雾灯、倒车灯等的功能和位置。

3.了解车门、车窗、后视镜的工作原理,包括门锁、升降器、调节机构等部件。

4.了解刮水器、倒车雷达/影像等车辆外部功能件的工作原理和重要性。

◈ 技能目标

1.能够对车身漆面损伤进行检查与评估。

2.能够准确检查照明系统的亮度和功能,判断是否需要更换灯泡或维修电路。

3.熟练掌握车门、车窗、后视镜、行李舱的检查和维护技能,包括润滑、清洁、调整等。

4.熟练掌握刮水器、倒车雷达/影像等的检测方法,确保系统正常工作。

5.对检查中发现的异常情况能进行记录,并依据维修手册给出初步的维修建议或预警。

❖ 素养目标

1.始终将安全放在首位,遵守操作规程,确保自身和他人安全。

2.以客户需求为导向,提供专业、耐心的服务,建立良好的客户关系。

3.能够与团队成员有效沟通,协作完成工作任务,共同提升团队整体效能。

4.保持对新技术、新知识的好奇心和学习热情,不断提升自身专业技能和综合素质。

5.在检查和维护过程中,注重节能减排,合理使用资源,保护生态环境。

任务一 车身外观检查

一、汽车车身

(一)汽车车身的组成

汽车车身指的是车辆用来载人装货的部分,也指车辆整体。汽车车身是汽车结构的主体部分,它包裹并保护着汽车的发动机、底盘、乘客以及货物。汽车车身组成如图3-1所示。

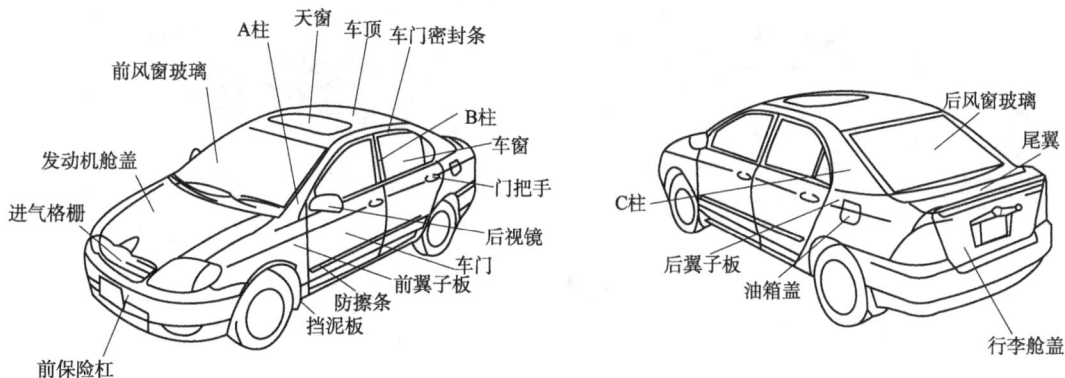

图3-1 汽车车身组成

(二)汽车车身的作用

(1)车身壳体:提供车辆的主体结构,保护驾驶人和乘客,同时影响车辆的空气动力学性能。

(2)前车身:保护发动机和其他前部部件,同时起到美观和保护作用。

(3)中间车身:提供乘客的进出通道,装有门锁、玻璃升降器等附属设施。

(4)后车身:提供储物空间,保护车辆后部部件,起到装饰和防护作用。

（三）汽车车漆的作用

（1）车漆具备优良的耐汽油、耐酸、耐碱、耐潮、耐盐雾等性能,有效地保护汽车表面不被腐蚀。

（2）装饰作用:使汽车外观更加美观大方,同时彰显车辆的个性。

（3）标志作用:通过车漆的颜色来标志汽车的种类和功能。例如,救护车通常为白色,消防车为红色,邮政车为绿色,等等。

（4）其他特殊功能:包括提高汽车的舒适性和密封性,防止振动产生的噪声。

二、车身外观检查内容

车身外观检查是指环车一周,对整车外观进行检查,具体包括:

（1）仔细检查车身表面,特别是容易受损的部位(如车身四个角、门边等),看是否有划痕或刮伤(图3-2)。

提示:检查中注意划痕的深度和长度,以及是否伴有底漆暴露或金属生锈。

（2）观察车身表面是否平整,有无凹陷或变形。

（3）检查是否有漆面从板件表面脱离的现象(图3-3)。

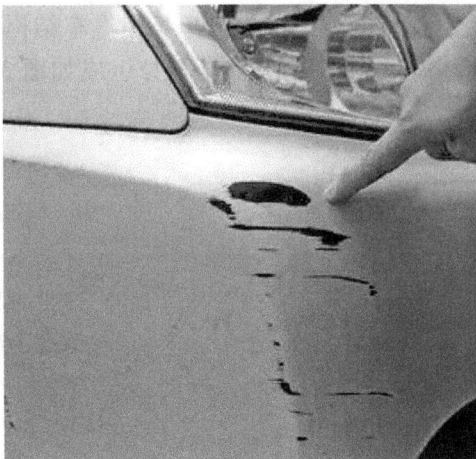

图3-2　车身外部受损部位图

图3-3　漆面从板件表面脱离

提示:漆面从板件表面脱离可能是碰撞后未修复、变形板件修理后未重新喷漆或补漆时填充材料脱落等原因造成的。

（4）观察漆面是否有老化裂纹、表面脱离的现象。

提示:这通常是长时间暴露在阳光下或恶劣环境中造成的。

（5）检查车身底部和边缘部位,看是否有腐蚀或锈迹。

提示:特别注意车门缝隙、车窗边缘等容易积水导致腐蚀的部位。

（6）检查所有外部灯具的灯罩是否有裂纹或破损。

提示:表面裂纹虽然不会影响前照灯的照明性能,但湿气会沿着裂缝渗入灯具,降低灯泡的使用寿命。

🔧 任务实施

车身外观检查

一、实训准备

(1)实训设备:教学车辆。

(2)实训工量具:车轮挡块。

(3)耗材:抹布、手套。

二、实训步骤

按车身检查任务工作表(表3-1)完成车身检查。

车身检查任务工作表　　　　　　　　　　　　　　　　　　表3-1

一、操作基本信息	姓名:		班级:		学号:	
	实训时间:		实训地点:			
二、实训车辆信息	总里程:		品牌车型:			
	车辆识别代码(VIN码):					
三、场地准备	项目		操作情况		检查结果	
	1.检查清洁场地		完成□　未完成□		正常□　异常□　异常情况:	
	2.检查实训工量具		完成□　未完成□		正常□　异常□　异常情况:	
	3.检查耗材		完成□　未完成□		正常□　异常□　异常情况:	
四、安全防护用品	1.检查操作人员安全防护用品		完成□　未完成□		工装□　手套□　其他□	
	2.检查车辆防护用品		完成□　未完成□		车轮挡块□	
五、实施过程	实施步骤			完成情况记录		
	车身外观检查					
	1.检查车身表面是否有划痕或刮伤			完成□　未完成□　异常情况:		
	2.检查车身表面有无凹陷或变形			完成□　未完成□　异常情况:		
	3.检查漆面是否有脱离的现象			完成□　未完成□　异常情况:		
	4.检查漆面是否老化、有裂纹			完成□　未完成□　异常情况:		
	5.检查车身底部和边缘部位是否腐蚀或有锈迹			完成□　未完成□　异常情况:		
	6.检查所有外部灯具的灯罩是否有裂纹或破损			完成□　未完成□　异常情况:		

续上表

	实施步骤	完成情况记录
六、场地清洁整理	1.清洁、整理工量具	完成□ 未完成□ 其他情况：
	2.清理、恢复车辆正常状况	完成□ 未完成□ 其他情况：
	3.清洁场地	完成□ 未完成□ 其他情况：
	4.整理收纳使用物品	完成□ 未完成□ 其他情况：
	5.完善工单	完成□ 未完成□ 其他情况：
七、实训收获及反思		

任务评价

对本学习任务进行评价,见表3-2。

车身检查任务评分表　　　　　　　　　　表3-2

考核项目	评分标准	分数（分）	学生自评(分)（20%）	小组互评(分)（30%）	教师评价(分)（50%）	小计（分）
小组合作	是否和谐	2				
活动参与	是否积极主动	2				
安全生产	有无安全隐患	2				
环境管理	是否做到	2				
任务方案	是否正确、合理	2				
操作过程	车身表面伤痕检查	20				
	车身凹陷变形检查	10				
	漆面脱离现象检查	10				
	漆面老化现象检查	10				
	底部和边缘锈蚀现象检查	20				
	灯具外罩检查	10				
任务完成情况	是否圆满完成任务	4				
工具和设备使用	是否规范、标准	2				
劳动纪律	是否能严格遵守	2				
工单填写	是否完整、规范	2				
总分		100				
时间：　年　月　日		得分				

课后练习

一、填空题

1.车身壳体不仅保护驾驶人和乘客,还会影响车辆的_____性能。

2.车身的_____部分提供乘客的进出通道,并装有门锁、玻璃升降器等附属设施。

3.车身底部和边缘的腐蚀多发生在容易积水的部位,例如_____和_____。

二、选择题

1.下列( )不是汽车车身的作用。

　A.提供车辆的主体结构　　　　　　　B.保护发动机和其他前部部件

　C.提供动力来源　　　　　　　　　　D.保护乘客和货物

2.车漆的( )使汽车外观更加美观大方,同时彰显了车辆的个性。

　A.保护作用　　　　　　　　　　　　B.装饰作用

　C.标志作用　　　　　　　　　　　　D.舒适性和密封性提高

3.在进行车身外观检查时,发现车身表面有凹陷或变形,这可能是( )造成的。

　A.长时间暴露在阳光下　　　　　　　B.碰撞后未修复

　C.车漆老化　　　　　　　　　　　　D.轮胎磨损

三、判断题

1.前部车身的主要作用是保护发动机和提供储物空间。　　　　　　　( )

2.车漆的老化裂纹通常是长时间暴露在恶劣环境中造成的。　　　　　( )

3.表面裂纹对前照灯的照明性能无影响,但会缩短灯泡寿命。　　　　( )

任务二　车身功能检查

一、车身功能件的组成和作用

车身功能件在车辆中各自扮演着重要的角色,它们是确保驾驶安全、提升驾驶便利性以及维护车辆整体性能的关键组件。定期检查和维护这些功能件,可以及时发现并修复可能存在的安全隐患,从而保证行车安全。

汽车车身功能件包括外部灯具、刮水器、雷达与倒车影像、车门、车窗、后视镜、后风窗加热系统、天窗、油箱盖、发动机舱盖、行李舱盖等。

二、车身功能件检查内容

进行车身功能件检查时,车辆电门钥匙应处于 ACC 挡。

提示:在进行检查时,务必确保车辆处于安全状态,避免在行驶过程中检查。

(一)外部灯具检查

外部灯具包括前照灯、日行灯、尾灯、转向灯、驻车灯、倒车灯、制动灯、车牌照明灯等,用于提供夜间或视线不佳时的照明和信号指示,同时向其他道路使用者传达车辆的行驶意图,确保行车安全。外部灯具检查要注意以下两点:

(1)需车内外 AB 技师两人配合检查所有外部灯具的工作情况,如图3-4所示。

(2)对于配备日行灯和光控灯(自动前照灯)的车辆,要检查其工作是否正常。

提示:某些日行灯在发动机起动前不能打开;有些日行灯如果驻车制动尚未取消,即使发动机已经起动也无法正常工作。光控灯则需要检查从感光性最弱到最强过程中车灯的工作情况,以及自动关闭计时器的设置。

(二)刮水器检查

刮水器的作用是清除风窗玻璃上的雨水、雪、灰尘等,保持驾驶人视线清晰。刮水器检查包括:

(1)检查前后风窗玻璃洗涤器的喷射力度和喷射位置。

提示:如有必要,可以对洗涤器进行调整。

(2)检查积水是否被擦拭干净,无嘎吱声。

(3)检查刮水器片是否老化、硬化或出现裂纹,如图3-5所示。

图 3-4 技师配合检查外部灯具

图 3-5 检查刮水器

(4)检查刮水器臂是否松动,外观是否掉漆、锈蚀。

(5)检查前后风窗玻璃刮水器由低速挡到高速挡的工作情况。

(三)雷达与倒车影像检查

雷达与倒车影像由雷达传感器、倒车影像摄像头、显示屏组成,作用是辅助驾驶人进行泊车和避免碰撞,提供车辆周围环境的实时图像和距离信息。雷达与倒车影像检查包括:

(1)检查雷达传感器是否清洁,无遮挡,确保其功能正常。

提示:如有必要,可以使用软布擦拭传感器表面。

(2)检查倒车影像摄像头是否完好,有无破损或进水。

(3)启动倒车影像系统,检查摄像头是否清晰,画面是否流畅无卡顿。

(4)检查显示屏的线条是否准确对应车辆的实际位置,如图3-6所示。

(四)车门检查

车门由门框、密封条、车门锁、车门限位器、车门铰链、儿童锁、中控门锁等组成,作用是确保车辆安全,防止未经授权的人进入。车门检查包括:

(1)检查车门密封条是否完好,车门关闭时是否紧密,确保无漏风、漏水现象。

(2)左手扶住门框,右手托住车门底部轻轻向上托起车门,检查限位器和车门铰链的松弛情况,如图3-7所示。

图3-6　检查倒车影像系统

图3-7　检查限位器和车门铰链

提示:请润滑限位器和车门铰链。

(3)开闭门,检查锁的功能,是否有异响,检查锁块是否松动。

(4)关闭儿童安全门锁按钮,检查是否可从车内打开车门。

(5)检查中控门锁,按下门锁键开关,4个车门均有开锁关锁的声音,左前门是否能锁闭。

(五)车窗检查

车窗由门窗玻璃、升降器、密封条、升降开关、锁止开关等组成,作用是提供通风和开阔视野。车窗检查包括:

(1)检查车窗玻璃是否完好,确保无裂痕或划痕。

(2)检查车窗关闭时的密封性,确保无漏风、漏水现象。

(3)控制每个玻璃升降开关,检查一键升降功能。

(4)升降其余车门玻璃,检查升降器的功能。

(5)锁止升降开关,确认门玻璃的升降是否锁止,如图 3-8 所示。

提示:检查升降过程中是否平稳、无异响。

(六)后视镜检查

后视镜总成由后视镜壳体、镜面、调节电动机、加热丝、调节开关等组成,用于观察车辆后方和侧方的交通情况,确保行车安全。后视镜检查包括:

(1)检查后视镜镜面是否完好,无裂痕或划痕,确保视野清晰。

(2)选择后视镜左/右开关,再旋转调节开关(左右、上下),确认调节功能正常,如图 3-9 所示。

图 3-8　检查玻璃升降开关

图 3-9　检查后视镜调节开关

(3)检查自动折叠功能。

图 3-10　打开后风窗玻璃加热开关

(4)检查加热功能(如有配置)。

(七)后风窗加热系统检查

后风窗加热系统由后风窗玻璃、控制开关、加热丝组成,用于除水、除雾、除霜。后风窗加热系统检查包括:

(1)在不打开加热开关的情况下,先确认后风窗玻璃的温度。

(2)打开后风窗玻璃加热开关,等待 3～5min 后,再次感受后风窗玻璃的温度,如图 3-10 所示。

提示:通常加热丝持续加热 15min 左右后

会自动停止,以避免过热损坏玻璃或加热丝。

(八)天窗检查

天窗由控制开关、天窗玻璃、导轨、密封条、排水槽、排水软管等组成,作用是提供额外的通风和光照,提高乘坐舒适性。天窗检查包括:

(1)检查天窗关闭时的密封性,确保无漏风、漏水现象。

(2)检查天窗的开启和关闭功能是否正常。

(3)完全开启天窗,再关闭天窗,检查一键开启/关闭功能是否正常(如有配置),确保无卡顿或异响。

(4)按键使天窗向上倾斜到最大角度,再关闭天窗。

(5)打开天窗,使用细长的工具,清理排水孔中的杂物和沉积物。

(6)检查排水软管是否有裂缝、磨损或松动等情况。

(7)往天窗排水槽四个角落倒少量清水观察是否顺利排出,如图 3-11 所示。

(九)油箱盖检查

油箱盖由油箱盖控制开关、油箱盖体、加油口盖、铰链等组成,作用是密封油箱,防止燃油泄漏,同时便于加油。油箱盖检查包括:

(1)测试油箱盖的开关功能是否正常,确保在加油时可以顺利打开。

(2)开闭油箱盖,检查锁止功能。

(3)前后拉动油箱盖,检查铰链的松弛状况,如图 3-12 所示。

图 3-11 测试天窗排水槽

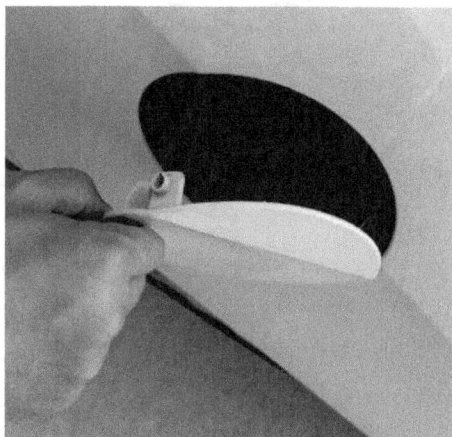

图 3-12 检查油箱盖铰链

提示:需对油箱盖铰链进行润滑。

(4)检查加油口盖是否密封良好,确保无漏油现象。

(十)发动机舱盖检查

发动机舱盖由解锁开关、安全锁、发动机舱盖板、密封条、铰链、支撑杆、隔音棉等组成,作用是保护发动机免受外部损害,同时提供发动机舱的访问入口。发动机舱盖检查包括:

(1)观察发动机舱盖与车身连接部位的框架是否平整,缝隙的间隔是否均匀。

(2)拉动车内的解锁拉杆或开关,检查其活动是否灵活,有无卡滞、断裂或磨损。

(3)在发动机舱盖前端中间位置找到安全锁扣,将其拨动后抬起发动机舱盖,然后向下闭合发动机舱盖,测试安全锁扣的锁止功能是否正常,确保在关闭时可以牢固锁定。

提示:需对安全锁扣进行润滑。

(4)检查发动机舱盖上的胶条是否完好。

提示:原厂胶条宽度均匀,按压时略有弹性。

(5)检查铰链和支撑杆是否完好,晃动支撑杆,检查杆底部的安装部位是否松动。

提示:需对铰链进行润滑。

(6)如果安装了隔音棉,检查隔音棉是否完好,以及塑料卡扣是否损坏或缺失。

(十一)行李舱盖检查

行李舱盖的作用是提供对行李舱的访问,同时保护行李舱内的物品免受外部损害。行李舱盖检查包括:

(1)检查行李舱盖与车身连接部位的框架是否平整,缝隙的间隔是否均匀。

(2)拉动车内的解锁拉杆或开关,检查其活动是否灵活,有无卡滞、断裂或磨损。

(3)检查行李舱盖的密封条是否完整、有无老化或损坏现象。

图3-13　检查行李舱盖的锁止机构

(4)检查行李舱盖的锁止机构是否正常工作,确保在关闭时可以牢固锁定,如图3-13所示。

提示:需对行李舱盖锁止机构进行润滑。

(5)检查铰链和支撑杆是否完好,确保无松动或损坏,确保盖体可以平稳开启和关闭。

提示:需对行李舱盖铰链进行润滑。

(6)检查行李舱内部的照明设施是否正常工作。

(7)检查行李舱内的备胎、三脚架、反光衣等物品是否齐全,是否有损坏或遗失的情况。

(8)在关闭行李舱盖后,轻轻晃动行李舱,检查其结构是否稳固,确保无松动或摇摆感。

任务实施

车身功能检查

一、实训准备

(1)实训设备:教学车辆、维修手册。

(2)实训工量具:照明灯、车辆挡块、车辆防护用品等。

(3)耗材:干净水、润滑脂、抹布、手套。

二、实训步骤

按车身功能检查任务表(表3-3)完成车身功能检查。

车身功能检查任务表

表3-3

一、操作基本信息	姓名:		班级:		学号:	
	实训时间:		实训地点:			
二、实训车辆信息	总里程:		品牌车型:			
	车辆识别代码(VIN码):					
三、场地准备		项目	操作情况		检查结果	
		1.检查清洁场地	完成□　未完成□		正常□　异常□　异常情况:	
		2.检查实训工量具	完成□　未完成□		正常□　异常□　异常情况:	
		3.检查耗材	完成□　未完成□		正常□　异常□　异常情况:	
		4.检查急救药品是否齐全	完成□　未完成□		消毒药剂□　止血用品□　止痛药□　烫伤膏□　其他□　异常情况:	
四、安全防护用品		1.检查操作人员安全防护用品	完成□　未完成□		护目镜□　工装□　手套□　其他□	
		2.检查车辆防护用品	完成□　未完成□		车内五件套□　车外三件套□　车辆挡块□	
五、实施过程		实施步骤	完成情况记录			
		(一)外部灯具检查				
		检查所有外部灯具工作情况	完成□　未完成□　异常情况:			
		(二)刮水器检查				
		1.检查前后风窗玻璃洗涤器	完成□　未完成□　异常情况:			
		2.检查积水擦拭情况	完成□　未完成□　异常情况:			
		3.检查刮水器片外观	完成□　未完成□　异常情况:			
		4.检查刮水器臂	完成□　未完成□　异常情况:			
		5.检查前后风窗玻璃刮水器各速工作情况	完成□　未完成□　异常情况:			
		(三)检查雷达与倒车影像				
		1.检查雷达传感器外观	完成□　未完成□　异常情况:			
		2.检查倒车影像摄像头完好情况	完成□　未完成□　异常情况:			
		3.检查倒车影像系统工作情况	完成□　未完成□　异常情况:			
		(四)检查车门				
		1.检查车门密封条是否完好	完成□　未完成□　异常情况:			
		2.检查车门限位器和车门铰链	完成□　未完成□　异常情况:			

实施步骤	完成情况记录
3.检查门锁功能	完成☐　未完成☐　异常情况：
4.检查儿童锁功能	完成☐　未完成☐　异常情况：
5.检查中控门锁工作情况	完成☐　未完成☐　异常情况：
(五)车窗检查	
1.检查车窗玻璃是否完好	完成☐　未完成☐　异常情况：
2.检查车窗密封性	完成☐　未完成☐　异常情况：
3.检查所有玻璃升降功能	完成☐　未完成☐　异常情况：
4.检查玻璃控制锁止功能	完成☐　未完成☐　异常情况：
(六)检查后视镜	
1.检查后视镜镜面是否完好	完成☐　未完成☐　异常情况：
2.检查后视镜调整功能	完成☐　未完成☐　异常情况：
3.检查后视镜折叠功能	完成☐　未完成☐　异常情况：
4.检查后视镜加热功能	完成☐　未完成☐　异常情况：
(七)检查后风窗加热系统	
检查后风窗加热功能	完成☐　未完成☐　异常情况：
(八)天窗检查	
1.检查天窗密封性	完成☐　未完成☐　异常情况：
2.检查天窗开闭功能	完成☐　未完成☐　异常情况：
3.清理天窗排水孔	完成☐　未完成☐　异常情况：
4.检查天窗排水软管	完成☐　未完成☐　异常情况：
5.检查天窗排水槽排水情况	完成☐　未完成☐　异常情况：
(九)油箱盖检查	
1.测试油箱盖的开关功能	完成☐　未完成☐　异常情况：
2.检查油箱盖锁止功能	完成☐　未完成☐　异常情况：
3.检查油箱盖铰链	完成☐　未完成☐　异常情况：
4.检查加油口盖是否密封	完成☐　未完成☐　异常情况：
(十)发动机舱盖检查	
1.检查发动机舱盖与车身连接部位框架	完成☐　未完成☐　异常情况：
2.检查解锁拉杆或开关功能	完成☐　未完成☐　异常情况：
3.检查安全锁扣功能	完成☐　未完成☐　异常情况：
4.检查发动机舱盖胶条	完成☐　未完成☐　异常情况：
5.检查铰链和支撑杆	完成☐　未完成☐　异常情况：
6.检查隔音棉	完成☐　未完成☐　异常情况：

五、实施过程

续上表

	实施步骤	完成情况记录
	(十一)行李舱盖检查	
	1.检查行李舱盖与车身连接部位的框架	完成☐　未完成☐　异常情况：
	2.检查解锁拉杆或开关功能	完成☐　未完成☐　异常情况：
五、实施过程	3.检查行李舱盖密封条	完成☐　未完成☐　异常情况：
	4.检查行李舱盖的锁止机构	完成☐　未完成☐　异常情况：
	5.检查铰链和支撑杆	完成☐　未完成☐　异常情况：
	6.检查行李舱内部的照明设施	完成☐　未完成☐　异常情况：
	7.检查行李舱随车物件	完成☐　未完成☐　异常情况：
	1.清洁、整理工量具	完成☐　未完成☐　其他情况：
六、场地清洁整理	2.清理、恢复车辆正常状况	完成☐　未完成☐　其他情况：
	3.清洁场地	完成☐　未完成☐　其他情况：
	4.整理收纳使用物品	完成☐　未完成☐　其他情况：
	5.完善工单	完成☐　未完成☐　其他情况：
七、实训收获及反思		

任务评价

对本学习任务进行评价,见表3-4。

车身功能检查任务评分表　　　　　　　　表3-4

考核项目	评分标准	分数(分)	学生自评(分)(20%)	小组互评(分)(30%)	教师评价(分)(50%)	小计(分)
小组合作	是否和谐	2				
活动参与	是否积极主动	2				
安全生产	有无安全隐患	2				
环境管理	是否做到	2				
任务方案	是否正确、合理	2				
	外部灯具检查	10				
操作过程	刮水器检查	10				
	雷达与倒车影像检查	5				

续上表

考核项目	评分标准	分数 (分)	学生自评(分) (20%)	小组互评(分) (30%)	教师评价(分) (50%)	小计 (分)
操作过程	车门检查	10				
	车窗检查	5				
	后视镜检查	5				
	后风窗加热系统检查	5				
	天窗检查	5				
	油箱盖检查	5				
	发动机舱盖检查	10				
	行李舱盖检查	10				
任务完成情况	是否圆满完成任务	4				
工具和设备 使用情况	是否规范、标准	2				
劳动纪律	是否能严格遵守	2				
工单填写	是否完整、规范	2				
总分		100				
时间: 年 月 日		得分				

课后练习

一、填空题

1.车身功能件中的灯具不仅提供照明,还起到_____的作用,确保行车安全。

2.在检查前、后风窗玻璃洗涤器时,除了检查喷射力度还需要检查_____。

3.车窗的电机、开关和传动机构需定期检查和维护,以确保其_____功能正常。

二、选择题

1.雷达与倒车影像系统的作用是辅助驾驶人进行( )操作。

    A.加速   B.泊车和避免碰撞

    C.紧急制动   D.倒车入库并超速

2.检查车窗时,如果发现车窗关闭密封性不佳,可能会导致( )。

    A.视野不清晰   B.玻璃升降器损坏

    C.漏风、漏水   D.车窗无法打开

3.关于天窗检查,以下描述错误的是( )。

    A.需要确保天窗关闭时的密封性   B.天窗的开启和关闭功能需正常

    C.天窗的排水孔无须定期清理   D.检查排水软管是否有裂缝或磨损

三、判断题

1. 在检查行李舱盖时,如果发现行李舱内的备胎、三脚架、反光衣等物品有损坏或遗失的情况,应立即更换或补齐。　　　　　　　　　　　　　　　　　　　（　　）

2. 如果发现刮水器片老化、硬化或出现裂纹,应立即更换,以确保行车安全。　（　　）

3. 发动机舱盖的作用是保护发动机免受外部损害。　　　　　　　　　　　　（　　）

项目四
车辆内部功能检查

项目描述

　　车辆内部功能检查是确保车辆舒适性、安全性和延长使用寿命的重要环节。本项目专注于车辆内部关键部件的检查，包括座椅、仪表、空调系统、安全带、储物盒等，旨在通过细致的检查和维护，提升车辆的乘坐体验和安全性能，提升客户满意度，延长车辆使用寿命。检查内容涵盖关键部件的功能测试、磨损检查和清洁维护，确保所有部件正常运作，预防故障发生。

　　本项目包括以下三个任务：

　　任务一　车辆内部设施功能检查

　　任务二　空调系统检查

　　任务三　仪表及多媒体检查

学习目标

◈ 知识目标

　　1.熟悉车辆内部座椅、空调系统、安全带等部件的基本构造和工作原理,理解各部件的功能及其相互关系。

　　2.掌握各系统组件的相互关联和作用,理解它们如何共同协作,保证车辆的正常运行。

　　3.理解定期检查和维护对提升车辆性能和安全性的重要性,掌握车内功能检测的标准和要求。

　　4.了解车辆内部部件的安全操作规程,确保检查和维护过程中的人身和设备安全。

◈ 技能目标

　　1.确保工作环境安全,能够正确操作车辆进行必要的准备。

　　2.能够对车辆内部关键部件进行全面检查,准确判断部件状态。

　　3.能够根据检查结果,进行必要的维护作业,如清洁座椅、更换空调滤芯、检查安全带功能等。

4. 掌握故障诊断的基本技能,能够对检查中发现的问题进行初步分析和处理。

5. 能够记录检查和维护过程中的详细数据,为后续的维护提供参考。

❖ **素养目标**

1. 树立"安全第一"的意识,严格遵守操作规程和安全规范,确保检查和维护过程的安全。

2. 保持高度的责任心和专业精神,对每一项检查都细致入微,不遗漏任何隐患。

3. 认识到汽车技术的不断进步,持续学习新知识,提升个人的专业技能和理论水平。

4. 在团队中积极沟通协作,分享经验和知识,共同提升团队的整体效能。

5. 在检查与维护过程中注重环保,合理处理废油、废液等污染物,遵守环保法规。

任务一　车辆内部设施功能检查

一、内部设施组成

车辆驾驶室是驾驶人操纵车辆的地方,其中包含了多种功能部件,每个部件都发挥着重要的作用。其中包含的关键组件和系统,如仪表系统、灯光操作系统、空调系统、座椅系统、辅助安全系统、转向系统、制动系统等的操作部件共同协作,确保驾驶人对车辆的控制以及各种系统运行是否正常的判断显示。车辆内部设施如图 4-1 所示,图 4-1 中序号对应名称见表 4-1。

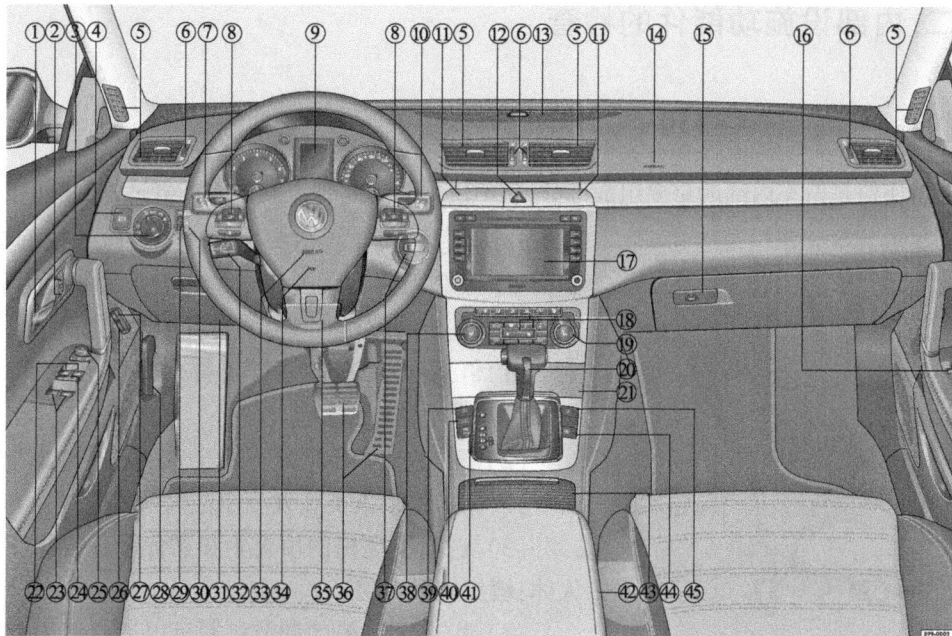

图 4-1　车辆内部设施组成

车辆内部设施组成 表4-1

序号	名称	序号	名称	序号	名称
①	车门开启拉手	⑯	前右侧电动门窗开关	㉛	杂物箱
②	中央门锁控制按钮	⑰	多功能显示屏	㉜	车速巡航控制系统
③	车灯开关	⑱	自动空调	㉝	驾驶人正面安全气囊
④	电子驻车制动器	⑲	前右侧座椅加热系统开关	㉞	喇叭
⑤	空调出风口	⑳	变速器操纵杆	㉟	可调式转向柱锁止杆
⑥	空调出风口调节旋钮	㉑	带点烟器的烟灰盒	㊱	制动/加速踏板
⑦	转向信号灯/前照灯远光操纵杆	㉒	前电动门窗开关	㊲	点火开关
⑧	多功能转向盘操纵机构	㉓	后电动门窗开关	㊳	左前座椅加热器开关
⑨	组合仪表	㉔	后电动门窗开关	㊴	电子稳定程序开关
⑩	风窗刮水器和清洗喷嘴	㉕	车外后视镜调整旋钮	㊵	自动启停开关
⑪	杂物箱	㉖	行李舱盖开关	㊶	驻车距离警报系统开关
⑫	危险警报灯开关	㉗	燃油箱盖开关	㊷	前排中间扶手储物箱
⑬	通风出风口	㉘	发动机舱盖开启拉手	㊸	储物箱
⑭	副驾驶安全气囊	㉙	仪表板及开关照明亮度调节旋钮	㊹	后风窗电动遮阳帘控制按钮
⑮	杂物箱开启拉手	㉚	前照灯光束调整旋钮	㊺	轮胎监控显示器

二、内部设施功能件的检查

(一)座椅的组成和作用

车辆座椅是汽车内部的重要组成部分,它不仅关系到驾驶人和乘客的舒适性,还直接涉及乘坐的安全。座椅主要由头枕、椅背、椅垫、座椅框架、控制调节机构以及表面蒙皮等部件组成,如图4-2所示。

车辆座椅的作用主要包括以下几个方面:

(1)舒适性:座椅的设计要符合人体工程学,以确保长时间乘坐的舒适性。

(2)安全性:座椅配备了安全带、安全气囊等安全装置,以保护驾乘人员在发生事故时的安全。

(3)支撑性:座椅的填充物和靠背设计要能够支撑人体,缓解驾驶疲劳。

(4)调节性:座椅的调节机制可以适应不同驾驶人的体形和驾驶习惯,提升驾驶体验。

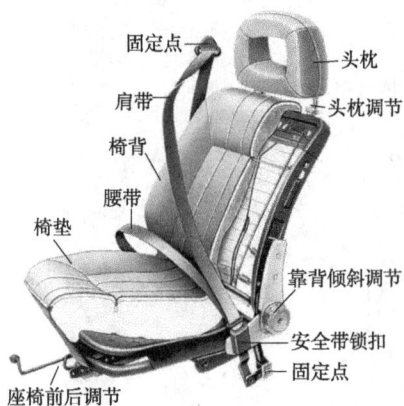
图4-2 车辆座椅及安全带

固定点、头枕、肩带、头枕调节、椅背、腰带、椅垫、靠背倾斜调节、安全带锁扣、固定点、座椅前后调节

(二)安全带的组成和作用

　　车辆安全带是一种安全装置,用于在车辆发生碰撞或突然停止时,通过物理方式限制驾乘人员身体的移动,以减少驾乘人员与车辆内部结构的二次碰撞,从而降低受伤的风险。安全带通常包括织带、卷收器、锁扣、预紧器、安全带锚点。

　　安全带的主要作用是:在车辆发生碰撞时,可以防止驾乘人员因惯性作用而向前冲出,减少与车辆内部的硬物(如仪表板、转向盘、风窗玻璃等)发生直接撞击的可能性。安全带将驾驶人和乘客固定驾乘人员在座位上,可以减少驾乘人员在事故中被抛出车外或在车内翻滚的可能性,从而降低二次伤害的风险。安全带通常与其他安全系统(如安全气囊)协同工作,以提供更全面的保护。

(三)座椅检查

　　(1)检查座椅的前后、上下、倾斜调整是否顺畅。

　　(2)检查座椅头枕前后、上下调节是否顺畅,如图4-3所示。

　　提示:定期对座椅进行清洁,调节机构润滑。对于皮革座椅,可以使用皮革维护油进行定期维护。

(四)安全带检查

　　(1)检查前后排所有安全带的各个组件(如带扣、绳索、金属配件、挂舌、铆钉等)是否完整、无短缺、无伤残破损。

　　(2)完全伸展出安全带,检查是否完好,是否有撕裂、磨损或扭结,如图4-4所示。

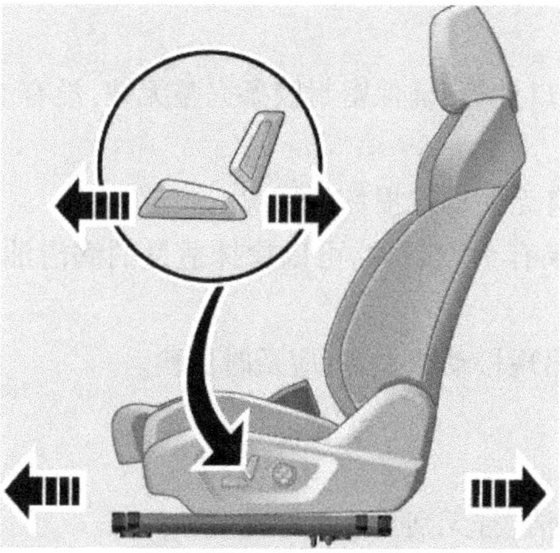

图4-3　检查座椅的调节功能

图4-4　检查安全带

　　(3)检查安全带导向环或滑轨是否顺畅,无卡滞现象。

　　(4)检查卷收器工作是否正常,能否自动收紧和释放安全带。

　　提示:快速拉出安全带,检查是否锁止。

　　(5)检查安全带锁扣是否容易打开和关闭,锁扣是否牢固可靠。

(6)检查安全带调节器是否灵活,能否根据驾乘人员体形调整安全带长度。

提示:车上所有安全带都要检查,并根据检查使用情况判断是否可用。

(五)变速器换挡杆及指示灯检查

(1)将挂挡杆切入各个挡位进行确认,感受挡位顺畅与否。

(2)对于配备自动挡的车辆,切换各个挡位,目视仪表屏指示灯,观察仪表指示挡位是否显示正常。

(六)驻车制动器检查

(1)手拉型:拉起驻车制动杆(4~7齿),再按住顶端的按钮放下,反复几次,检查是否顺畅。

(2)脚踩型:脚踩下驻车制动踏板,确认是否复位,反复几次,检查是否顺畅。

图4-5 检查电子驻车制动器

(3)检查电子制动:驻车制动开关是否松动、损坏,如图4-5所示。

(4)在不同的驾驶条件下(如平坦路面、坡道等)测试电子驻车制动系统的响应速度和准确性。

提示:确保系统能够在需要时迅速且准确地施加或释放驻车制动;仪表板上的指示灯能同时点亮。

(七)杂物箱检查

(1)清理杂物箱内部的杂物和灰尘。

(2)检查杂物箱的箱体外壳是否损坏,如有凹痕、裂缝或划痕。

(3)检查箱体的密封部位,如箱盖的边缘、接口处等,确保密封胶条完整无缺,没有老化、变形或脱落的迹象。

(4)检查杂物箱与车身的连接件是否牢固,有无松动或损坏的情况。

(5)检查杂物箱的铰链和滑轨是否顺畅,如果有卡顿现象,可以涂抹适量的润滑油进行润滑。

(6)检查杂物箱的锁扣是否正常工作,如果出现松动或损坏,应及时更换。

(八)中央扶手箱检查

(1)检查扶手箱及其周边部件的外观是否整洁,有无刮伤或损坏的迹象。

(2)检查扶手箱的固定螺钉是否松动或缺失。

(3)测试卡扣式安装的部件是否完全卡紧。

提示:下拉扶手前须先将扶手上提至最高位置,然后下拉扶手。

(九)制动踏板检查

检查制动踏板工作时有无松旷和异常噪声,行程是否在正常范围内,能否正常复位。

（十）加速踏板检查

检查加速踏板工作时有无松旷和异常噪声，确认加速踏板能否正常踩下并复位。

（十一）转向盘检查

（1）观察转向盘是否有损坏、变形或磨损的迹象。

（2）转动转向盘，检查和转向轴的连接是否松动或有过大的间隙。

（3）轻轻左右转动转向盘，测量转向盘的自由行程。

提示：转向盘的自由行程一般为 $10°\sim15°$。

（4）拉动调节开关，检查转向盘能否顺畅进行上下左右的调整，如图4-6所示。

提示：大多数车辆的转向盘下方或侧面会有一个调

图 4-6　检查转向盘

节开关或扳手，用于调节转向盘的位置；一般要求手臂能够自然弯曲并轻松握住转向盘。

（5）检查转向盘回正力。快速转动转向盘并放松，观察转向盘是否能迅速回到初始位置。

提示：回正力检查需要到安全的场所进行路试。

（6）检查喇叭是否正常。

（十二）遮阳板检查

（1）检查遮阳板的外观是否完整，有无破损、撕裂或变形。

（2）展开和收起遮阳板，确保它能够顺畅地移动，没有卡顿或异响。

（3）检查遮阳板上的卡扣和固定装置是否完好，确保在遮阳板展开时能够牢固地固定住遮阳板，防止其在行驶过程中晃动或脱落。

（4）如果遮阳板上配备照明灯，检查照明灯的开关功能是否正常。

（5）润滑遮阳板铰接处。

🏆 任务实施

车辆内部设施功能检查

一、实训准备

（1）实训设备：教学车辆、车辆操作手册、维修手册。

（2）实训工量具：车辆挡块、车辆防护用品等。

（3）耗材：抹布、手套、车内五件套。

二、实训步骤

按车辆内部设施功能检查任务表（表4-2）完成车辆内部设施功能检查。

车辆内部设施功能检查任务表 表4-2

一、操作基本信息	姓名：	班级：	学号：
	实训时间：	实训地点：	

二、实训车辆信息	总里程：	品牌车型：
	车辆识别代码(VIN码)：	

	项目	操作情况	检查结果
三、场地准备	1.检查清洁场地	完成□ 未完成□	正常□ 异常□ 异常情况：
	2.检查实训工量具	完成□ 未完成□	正常□ 异常□ 异常情况：
	3.检查耗材	完成□ 未完成□	正常□ 异常□ 异常情况：
	4.检查急救药品是否齐全	完成□ 未完成□	消毒药剂□ 止血用品□ 止痛药□ 烫伤膏□ 其他□ 异常情况：
四、安全防护用品	1.检查操作人员安全防护用品	完成□ 未完成□	护目镜□ 工装□ 手套□ 其他□
	2.检查车辆防护用品	完成□ 未完成□	车内五件套□ 车外三件套□ 车辆挡块□

	实施步骤	完成情况记录
五、实施过程	(一)座椅检查	
	1.检查座椅外观完整性	完成□ 未完成□ 异常情况：
	2.检查座椅各角度调整是否顺畅	完成□ 未完成□ 异常情况：
	3.检查头枕各角度调整是否顺畅	完成□ 未完成□ 异常情况：
	(二)安全带检查	
	1.检查前后排所有安全带的各个组件是否完整	完成□ 未完成□ 异常情况：
	2.检查安全带是否完好	完成□ 未完成□ 异常情况：
	3.检查安全带导向环或滑轨是否顺畅	完成□ 未完成□ 异常情况：
	4.检查卷收器工作是否正常	完成□ 未完成□ 异常情况：
	5.检查安全带锁扣是否牢固可靠	完成□ 未完成□ 异常情况：
	6.检查安全带调节器是否灵活	完成□ 未完成□ 异常情况：
	(三)变速器换挡杆及指示灯检查	
	1.切入各个挡位进行确认	完成□ 未完成□ 异常情况：
	2.配备自动挡的车辆,切换挡位,观察仪表指示挡位是否显示正常	完成□ 未完成□ 异常情况：
	(四)驻车制动器检查	
	1.手拉型:检查是否顺畅	完成□ 未完成□ 异常情况：
	2.脚踩型:检查是否顺畅	完成□ 未完成□ 异常情况：

实施步骤	完成情况记录
3.观察电子制动按钮外观	完成☐　未完成☐　异常情况：
4.路试电子制动是否可靠	完成☐　未完成☐　异常情况：
（五）杂物箱检查	
1.清理杂物箱内部杂物和灰尘	完成☐　未完成☐　异常情况：
2.检查杂物箱的箱体外壳	完成☐　未完成☐　异常情况：
3.检查箱体的密封部位	完成☐　未完成☐　异常情况：
4.检查杂物箱与车身的连接件	完成☐　未完成☐　异常情况：
5.检查杂物箱的铰链和滑轨	完成☐　未完成☐　异常情况：
6.检查杂物箱的锁扣	完成☐　未完成☐　异常情况：
（六）中央扶手箱检查	
1.检查扶手箱及其周边的外观	完成☐　未完成☐　异常情况：
2.检查扶手箱的固定螺钉	完成☐　未完成☐　异常情况：
3.测试卡扣式安装的部件	完成☐　未完成☐　异常情况：
（七）制动踏板检查	
检查制动踏板工作时有无松旷和异常噪声，行程是否在正常范围内，能否正常复位	完成☐　未完成☐　异常情况：
（八）加速踏板检查	
检查加速踏板，确认能否正常踩下并复位	完成☐　未完成☐　异常情况：
（九）转向盘检查	
1.观察转向盘外观	完成☐　未完成☐　异常情况：
2.检查和转向轴的连接间隙	完成☐　未完成☐　异常情况：
3.测量转向盘的自由行程	测量值：　　　　　其他情况：
4.检查转向盘能否顺畅调整	完成☐　未完成☐　异常情况：
5.检查转向盘回正力	完成☐　未完成☐　异常情况：
6.检查喇叭	完成☐　未完成☐　异常情况：
（十）遮阳板检查	
1.检查遮阳板的外观	完成☐　未完成☐　异常情况：
2.检查遮阳板活动是否顺畅	完成☐　未完成☐　异常情况：
3.检查遮阳板上的固定装置	完成☐　未完成☐　异常情况：
4.检查遮阳板照明灯	完成☐　未完成☐　异常情况：
5.润滑遮阳板铰接处	完成☐　未完成☐　异常情况：

五、实施过程

续上表

实施步骤		完成情况记录
六、场地清洁整理	1.清洁、整理工量具	完成☐ 未完成☐ 其他情况：
	2.清理、恢复车辆正常状况	完成☐ 未完成☐ 其他情况：
	3.清洁场地	完成☐ 未完成☐ 其他情况：
	4.整理收纳使用物品	完成☐ 未完成☐ 其他情况：
	5.完善工单	完成☐ 未完成☐ 其他情况：
七、实训收获及反思		

任务评价

对本学习任务进行评价,见表4-3。

内部设施功能检查任务评分表　　　　表4-3

考核项目	评分标准	分数(分)	学生自评(分)(20%)	小组互评(分)(30%)	教师评价(分)(50%)	小计(分)
小组合作	是否和谐	2				
活动参与	是否积极主动	2				
安全生产	有无安全隐患	2				
环境管理	是否做到	2				
任务方案	是否正确、合理	2				
操作过程	座椅检查	10				
	安全带检查	10				
	变速器换挡杆及指示灯检查	5				
	驻车制动器检查	10				
	杂物箱检查	5				
	中央扶手箱检查	5				
	制动踏板检查	5				
	加速踏板检查	5				
	转向盘检查	10				
	遮阳板检查	5				
	场地清洁整理	10				

续上表

考核项目	评分标准	分数（分）	学生自评(分)（20%）	小组互评(分)（30%）	教师评价(分)（50%）	小计（分）
任务完成情况	是否圆满完成任务	4				
工具和设备使用	是否规范、标准	2				
劳动纪律	是否能严格遵守	2				
工单填写	是否完整、规范	2				
总分		100				
时间：　　年　　月　　日		得分				

课后练习

一、填空题

1.仪表系统为驾驶人提供车辆运行状态的实时信息,包括速度、转速、油量、水温等,以及是否有_____亮起。

2.安全带预紧器的主要作用是:在碰撞时_____收紧安全带,减少驾乘人员前冲距离。

3.座椅系统中的头枕不仅提供舒适的驾驶体验,还能在车辆发生追尾事故时,有效保护驾驶人的_____免受伤害。

二、选择题

1.在进行车辆座椅维护时,以下(　　　)做法是不正确的。

　　A.定期对座椅进行清洁　　　　　　　　B.把座椅拆下来检查

　　C.调节机构润滑　　　　　　　　　　　D.对皮革座椅使用皮革维护油

2.驻车制动器维护时,以下(　　　)不是必要的检查内容。

　　A.检查驻车制动杆是否松动

　　B.检查驻车制动系统的电子元件是否老化

　　C.测试驻车制动系统的响应速度

　　D.检查驻车制动器是否配备防抱死制动系统(ABS 系统)

3.遮阳板的使用目的是(　　　)。

　　A.增加车内的光线　　　　　　　　　　B.遮挡侧面的风

　　C.遮挡阳光,减少眩光　　　　　　　　D.作为化妆镜使用

三、判断题

1.车辆的座椅调节功能可以调整座椅的前后位置。　　　　　　　　　　　(　　　)

2.转向盘无须存在自由行程。　　　　　　　　　　　　　　　　　　　　(　　　)

3.驻车制动器通常在车辆停放时使用,以防止车辆滑动。　　　　　　　　(　　　)

任务二　空调系统检查

一、汽车空调系统组成和作用

汽车空调系统用于把汽车车厢内的温度、湿度、空气清洁度及空气流动调节和控制在最佳状态,为驾乘人员提供舒适的乘坐环境,减少旅途疲劳。汽车空调系统结构组成如图4-7所示。

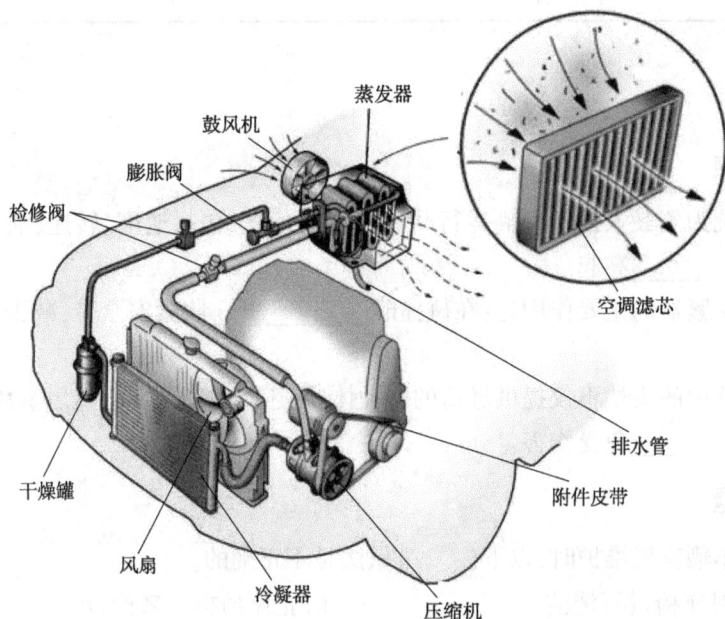

图4-7　汽车空调系统结构组成

汽车空调系统的作用是:控制车厢内的气温,把车厢内的温度控制到舒适的水平;排出空气中的湿气;吸入新风,具有通风功能;过滤空气,排除空气中的灰尘和花粉。

二、空调系统性能检查

汽车空调控制面板的功能主要包括对风量、温度、风向等核心要素的调节,以及提供多种工作模式以满足不同需求,空调控制面板如图4-8所示。

(一)控制面板功能检查

(1)起动车辆,开启或关闭空调开关,观察空调系统是否能够响应开关的指令。

(2)测试冷热空气转换开关能否在冷、热位置之间正常切换。

(3)检查不同出风口是否出风,在不同气流模式下(如通风模式、加热模式、除霜模式)气流是否有变化。

图 4-8　空调控制面板

提示：长期不使用空调会导致系统老化,应定期开启空调以保持其正常运行。

(二)制冷及风量测试

(1)使用空调风量及温度测试仪测试在熄火开窗条件下的车内温度。

(2)关窗,起动发动机,空调风量开到最大,温度调至最低,开启内循环,设置为吹面挡。

(3)测量此时的出风口风速及温度。

(4)5min 以后,在前排同一位置测量车内温度,如图 4-9 所示。

(三)空调系统部件检查

(1)关闭发动机,确保车辆处于安全状态。

(2)检查压缩机是否有实体损坏或连接松动,检查压缩机传动皮带是否松紧适宜。一般可用两个手指压皮带中间位置,能压下 7 ~ 10mm 为宜。

(3)检查冷凝器是否有异物堵塞或散热片损坏,检查冷凝器的固定和连接是否牢固。

(4)检查储液罐是否泄漏或损坏。

(5)检查高压管路和低压管路是否磨损、老化或泄漏,确保管路连接处紧固无松动。

(6)拆卸空调滤芯,擦拭滤芯盒内的灰尘。

提示：空调滤芯位于副驾驶杂物箱后方或发动机舱。

(7)检查旧的滤芯能否继续使用,如果能用,清洁后装入;如果不能继续使用,更换新滤芯,如图 4-10 所示。

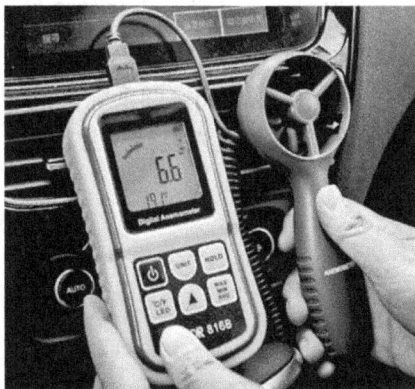

图 4-9　制冷及风量测试

图 4-10　检查空调滤芯

提示：注意滤芯安装方向。空调滤芯的建议更换周期一般为 8000 ~ 10000km。

(8)重新起动车辆,打开空调让其运行几分钟,检查空调运行是否正常。

(四)制冷剂检查

(1)打开所有车门,起动发动机,保持转速为1500r/min,打开空调开关。

(2)将鼓风机速度控制开关调至高位。

(3)温度选择为最低。

(4)通过储液罐视液窗观察:

①清晰、无气泡,说明制冷剂适量;若开、关空调机的瞬间制冷剂起泡沫,随后就变清,也同样说明制冷剂适量。

②如果看不到动静,而且出风口不冷,压缩机进、出口之间没有温差,说明制冷剂已漏光。若出风口不够冷,而且关闭压缩机后无气泡、无流动,则说明制冷剂过多。

③若偶尔出现气泡,并且伴有膨胀阀结霜,则说明系统中有水分。

④若泡沫不断出现,则说明制冷剂不足。

⑤若视液窗的玻璃上有条纹状的油渍,则说明压缩机油量过多。

(五)空调压力检测

(1)准备好车辆空调压力表和相关的接头和软管。

提示:不同类型的车辆空调系统需要不同的连接接头和软管,因此需要根据实际情况选择合适的检测工具。红色表一般为高压表,蓝色表一般为低压表。

(2)将高低压管通过快装接头连接在空调管路(充注阀)上,旋紧快装接头的端盖,让顶杆抵开充注阀阀芯,接通系统和压力表,如图4-11所示。

图4-11 空调压力检测

提示:管路较细,检测口保护盖上标有"H"的为高压管;管路较粗,检查口保护盖上标有"L"的为低压管。

(3)起动发动机并调整转速至1500r/min左右,运行一段时间,使发动机水温达到正常工作温度。

(4)打开空调开关,将空调温度调至最低,将风量调到最大,读取两表上的数值。

提示:车辆空调制冷剂正常压力值低压侧为0.15~0.25MPa,高压侧为1.37~1.57MPa。

(5)读取完毕后,关闭车辆空调系统,将压力表从系统中拆除,并将车辆空调系统恢复到正常状态。

任务实施

空调系统检查

一、实训准备

(1)实训设备:教学车辆、维修手册。

（2）实训工量具：常规工具、空调风量及温度测试仪、制冷剂压力检测表、车辆挡块、工具车、车辆防护用品等。

（3）耗材：空调滤芯、抹布、手套、车内五件套。

二、实训步骤

按空调系统检查任务表（表4-4）完成空调系统检查。

空调系统检查任务表

表4-4

一、操作基本信息	姓名：		班级：	学号：	
	实训时间：		实训地点：		
二、实训车辆信息	总里程：		品牌车型：		
	车辆识别代码(VIN码)：				
三、场地准备	项目	操作情况		检查结果	
	1.检查清洁场地	完成□　未完成□		正常□　异常□　异常情况：	
	2.检查实训工量具	完成□　未完成□		正常□　异常□　异常情况：	
	3.检查耗材	完成□　未完成□		正常□　异常□　异常情况：	
	4.检查急救药品是否齐全	完成□　未完成□		消毒药剂□　止血用品□ 止痛药□　烫伤膏□　其他□ 异常情况：	
四、安全防护用品	1.检查操作人员安全防护用品	完成□　未完成□		护目镜□　工装□　手套□ 其他□	
	2.检查车辆防护用品	完成□　未完成□		车内五件套□　车外三件套□ 车辆挡块□	
五、实施过程	实施步骤		完成情况记录		
	（一）控制面板功能检查				
	1.起动车辆，开启或关闭空调开关，检查空调开闭情况		完成□　未完成□　异常情况：		
	2.测试冷热空气转换开关		完成□　未完成□　异常情况：		
	3.检查不同出风口工作情况		完成□　未完成□　异常情况：		
	（二）制冷及风量测试				
	1.测试熄火开窗后车内温度		测量值：　　　其他情况：		
	2.开窗，起动发动机		完成□　未完成□　异常情况：		
	3.空调风量开到最大，温度调至最低		完成□　未完成□　异常情况：		
	4.开启内循环，设置为吹面挡		完成□　未完成□　异常情况：		
	5.测量此时的出风口风速及温度		测量值：　　　其他情况：		
	6.5min后，在同一位置测量车内温度		测量值：　　　其他情况：		

实施步骤	完成情况记录
(三)空调系统部件检查	
1.关闭发动机,安全停放车辆	完成☐　未完成☐　异常情况:
2.观察压缩机外观和连接	完成☐　未完成☐　异常情况:
3.检查压缩机传动皮带	完成☐　未完成☐　异常情况:
4.检查冷凝器散热片外观	完成☐　未完成☐　异常情况:
5.检查冷凝器的固定和连接情况	完成☐　未完成☐　异常情况:
6.检查储液罐外观	完成☐　未完成☐　异常情况:
7.检查高低压管路外观和连接情况	完成☐　未完成☐　异常情况:
8.拆卸空调滤芯并检查	完成☐　未完成☐　异常情况:
9.清洁空调滤芯盒	完成☐　未完成☐　异常情况:
10.重新起动车辆,检查空调运行情况	完成☐　未完成☐　异常情况:
(四)制冷剂检查	
1.打开所有车门	完成☐　未完成☐　异常情况:
2.起动发动机,保持1500r/min的转速	完成☐　未完成☐　异常情况:
3.打开空调	完成☐　未完成☐　异常情况:
4.风速开至高位	完成☐　未完成☐　异常情况:
5.温度选择为最低	完成☐　未完成☐　异常情况:
6.通过储液罐视液窗观察	完成☐　未完成☐　异常情况:
(五)空调压力检测	
1.准备好测量设备	完成☐　未完成☐　异常情况:
2.分别连接高低压管	完成☐　未完成☐　异常情况:
3.起动发动机,保持1500r/min的转速	完成☐　未完成☐　异常情况:
4.使发动机水温达到正常工作温度	完成☐　未完成☐　异常情况:
5.打开空调开关,将空调温度调至最低,风量调到最大	完成☐　未完成☐　异常情况:
6.读取低压表上的数值	测量值:　　　　其他情况:
7.读取高压表上的数值	测量值:　　　　其他情况:
8.关闭空调	完成☐　未完成☐　异常情况:
9.拆除压力表	完成☐　未完成☐　异常情况:
10.将空调系统复位	完成☐　未完成☐　异常情况:

(左侧竖排:五、实施过程)

续上表

	实施步骤	完成情况记录
六、场地清洁整理	1.清洁、整理工量具	完成□ 未完成□ 其他情况：
	2.清理、恢复车辆正常状况	完成□ 未完成□ 其他情况：
	3.清洁场地	完成□ 未完成□ 其他情况：
	4.整理收纳使用物品	完成□ 未完成□ 其他情况：
	5.完善工单	完成□ 未完成□ 其他情况：
七、实训收获及反思		

🔅 任务评价

对本学习任务进行评价,见表4-5。

空调系统检查任务评分表 表4-5

考核项目	评分标准	分数（分）	学生自评（分）（20%）	小组互评（分）（30%）	教师评价（分）（50%）	小计（分）
小组合作	是否和谐	2				
活动参与	是否积极主动	2				
安全生产	有无安全隐患	2				
环境管理	是否做到	2				
任务方案	是否正确、合理	2				
操作过程	控制面板功能检查	10				
	制冷及风量测试	20				
	空调系统部件检查	10				
	制冷剂检查	10				
	空调压力检查	20				
	场地清洁整理	10				
任务完成情况	是否圆满完成任务	4				
工具和设备使用	是否规范、标准	2				
劳动纪律	是否能严格遵守	2				
工单填写	是否完整、规范	2				
总分		100				
时间： 年 月 日			得分			

课后练习

一、填空题

1. 空调滤芯的建议更换周期一般为_____ km。

2. 空调滤芯位于副驾驶杂物箱后方或_____。

3. 通过储液罐视液窗观察时发现泡沫不断出现,说明制冷剂_____。

二、选择题

1. 车辆空调系统的作用是( )。

    A. 仅控制车厢内的气温

    B. 控制车厢内的气温、湿度、空气清洁度及空气流动

    C. 仅提供通风功能

    D. 仅过滤空气中的灰尘和花粉

2. 在进行空调系统部件检查时,若发现压缩机传动皮带过紧,应( )。

    A. 立即更换压缩机   B. 调整皮带松紧度至适宜范围

    C. 无须处理,继续使用   D. 更换整个空调系统

3. 在进行制冷及风量测试时,为了获得准确的测试结果,应将空调风量开到( )。

    A. 最小   B. 适中

    C. 最大   D. 根据个人喜好调节

三、判断题

1. 长期不使用空调会导致系统老化,因此应定期开启空调以保持其正常运行。( )

2. 在进行空调系统检查时,无须关闭发动机。( )

3. 空调滤芯可以过滤空气中的灰尘和花粉,但不需要定期更换。( )

任务三　仪表及多媒体检查

一、仪表板的组成和作用

车辆仪表板是车辆内部的一个重要组成部分,主要负责向驾驶人提供车辆的各种运行参数、状态信息和警示信号。车辆仪表板属于车辆的信息显示系统,是人机交互的重要界面。车辆仪表板通常位于驾驶人前方的中控台上,由多种仪表和控制装置组成,如图4-12所示。

车辆仪表板的主要作用包括:

(1)显示车速、发动机转速、燃油量、水温等基本车辆运行参数。

(2)提供故障警示及指示,如发动机故障灯、前照灯指示灯等。

(3)显示导航信息、多媒体信息等辅助功能。

(4)部分高端仪表板还具备人机交互功能,如触摸控制、语音控制等。

图 4-12　组合仪表

二、仪表功能检查

(一)仪表指示灯功能检查

仪表板上的指示灯通常用于显示车辆各种功能的状态,这些指示灯在车辆正常工作时亮起,以提示驾驶人相应的功能已经开启或关闭。

指示灯通常包括近光灯、远光灯、前后雾灯、转向灯、转向信号灯、示廓灯、转向指示灯、超车闪光灯、危险警告灯、空调指示灯等。

仪表指示灯功能检查包括:

(1)开启点火开关到 ON 挡,调节仪表板和开关亮度调节旋钮,测试亮度调节功能是否有效。

(2)检查组合开关、转向及远近操纵杆功能是否正常。

(3)依次测试仪表板上的各种指示灯能否正常开启和关闭。

(4)开启近光灯,调整前照灯照程调节旋钮,测试前照灯照射范围调节功能是否有效。

(二)仪表报警灯功能检查

报警灯用于提示驾驶人车辆存在的潜在问题或故障,包括警示灯和故障指示灯两类。

警示灯通常用于提醒驾驶人注意车辆的基本状况,这些状况虽然不一定表示有严重故障,但也需要及时处理。警示灯包括车门状态灯、安全带指示灯、燃油指示灯等。

故障指示灯是车辆自我诊断系统的重要组成部分,它们能够在车辆出现故障或异常情况时及时发出警告,用于提示驾驶人车辆存在的故障或异常状况。故障指示灯包括发动机故障指示灯、机油报警灯、水温报警灯、胎压报警灯、ABS 故障指示灯、安全气囊指示灯、制动系统故障灯等。

仪表报警灯功能检查包括:

开启点火开关到 ON 挡,目检各个报警灯,再将点火钥匙开启到 START 挡,目检警告灯,如图 4-13 所示。

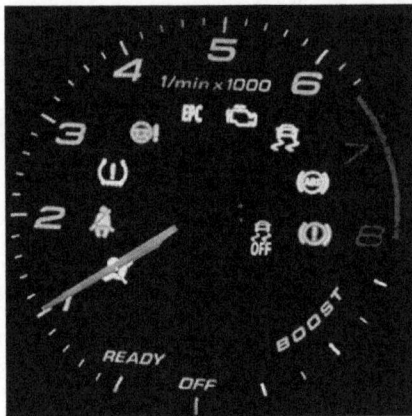

图 4-13　目检警告灯

提示:任何报警灯的亮起都可能是车辆存在问题的信号,请不要忽视任何报警灯,并及时采取相应的措施。

(三)水温表、转速表及燃油表检查

(1)开启点火开关到 ON 挡,水温表会开始工作,显示发动机的水温情况。

(2)检查燃油表能否及时显示油箱内剩余油量。

(3)起动发动机,轻踩加速踏板,2000～3000r/min 时松开,再反复尝试,检查转速指针是否稳定,加速性能是否正常。

(四)仪表板多功能显示屏检查

仪表板多功能显示屏也被称为车载信息显示系统或仪表盘显示器,是一种集成在车辆仪表中的显示设备,可以实时显示车辆的行驶速度、挡位、温度、时间、燃油存量、行驶里程等。仪表板多功能显示屏操作按键一般会安装在转向盘或仪表台上。

仪表板多功能显示屏检查包括:

(1)开启点火开关到 ON 挡,检查显示屏能否正常工作。

(2)开启汽车音响系统,检查音量能否调节变化。

(3)检查电话蓝牙接听键及其他多媒体控制键是否正常工作。

(4)检查各功能的显示和调节是否正常。

(5)设置维护旅程。

三、多媒体的组成和功用

汽车多媒体是指车辆内部集成的各种电子设备,这些电子设备为驾驶人和乘客在驾驶过程中提供了丰富的娱乐、信息和通信体验。

(一)汽车多媒体的一般组成

(1)显示屏:触摸屏或非触摸屏,用于显示多媒体信息并进行操作。

(2)音频系统:包括扬声器、功放等,提供高质量的音频输出。

(3)传感器和通信模块:包括全球定位系统(GPS)接收器、Wi-Fi 模块、蓝牙模块等,实现导航、数据传输和无线连接。

(4)输入设备:如触摸屏、物理按键、语音识别系统等,用于用户与多媒体系统的交互。

(二)汽车多媒体的一般功能

(1)音响系统:提供音频输出,支持多种音频格式,支持蓝牙连接、通用串行总线(USB)接口和辅助(AUX)接口。

(2)导航系统:内置或外接 GPS 导航系统,提供规划路线、实时路况信息。

（3）通信系统：集成蓝牙电话、车载 Wi-Fi 等通信功能。

（4）信息娱乐系统：提供音乐、广播、视频播放等功能。

（5）辅助驾驶：支持如定速巡航系统、车道偏离预警、盲点监测等。

（6）车辆控制：与空调、座椅调节、开关座椅加热等功能相配合，如图 4-14 所示。

图 4-14　多媒体界面

四、多媒体功能检查

（一）多媒体屏幕显示功能检查

（1）开启点火开关到 ON 挡，检查多媒体系统的屏幕是否正常显示。

（2）检查音量调节、静音等功能是否正常。

（3）如果配备导航系统，测试 GPS 响应速度和定位准确性。

（4）测试触摸屏上所有的图标和菜单能否正常响应触摸操作。

（二）人机交互功能检查

（1）测试语音助手的唤醒功能。

（2）通过语音指令控制车辆的各项功能，检查执行是否准确、迅速。

（3）检查手机互联功能是否正常。

（4）检查触摸屏的触控灵敏度，确保能够准确响应驾驶人的触控操作。

任务实施

仪表及多媒体检查

一、实训准备

（1）实训设备：教学车辆、汽车操作手册、维修手册。

（2）实训工量具：车辆挡块。

（3）耗材：抹布、手套、车内五件套。

二、实训步骤

按仪表及多媒体检查任务表（表4-6）完成仪表及多媒体检查。

仪表及多媒体检查任务表　　　　　　　　　　　　表4-6

<table>
<tr><td rowspan="2">一、操作基本
信息</td><td colspan="2">姓名：</td><td>班级：</td><td colspan="2">学号：</td></tr>
<tr><td colspan="2">实训时间：</td><td colspan="3">实训地点：</td></tr>
<tr><td rowspan="2">二、实训车辆
信息</td><td colspan="2">总里程：</td><td colspan="3">品牌车型：</td></tr>
<tr><td colspan="5">车辆识别代码（VIN码）：</td></tr>
<tr><td rowspan="5">三、场地准备</td><td colspan="2">项目</td><td colspan="2">操作情况</td><td>检查结果</td></tr>
<tr><td colspan="2">1.检查清洁场地</td><td colspan="2">完成□　未完成□</td><td>正常□　异常□　异常情况：</td></tr>
<tr><td colspan="2">2.检查实训工量具</td><td colspan="2">完成□　未完成□</td><td>正常□　异常□　异常情况：</td></tr>
<tr><td colspan="2">3.检查耗材</td><td colspan="2">完成□　未完成□</td><td>正常□　异常□　异常情况：</td></tr>
<tr><td colspan="2">4.检查急救药品是否齐全</td><td colspan="2">完成□　未完成□</td><td>消毒药剂□　止血用品□
止痛药□　烫伤膏□　其他□
异常情况：</td></tr>
<tr><td rowspan="2">四、安全防护
用品</td><td colspan="2">1.检查操作人员安全防护
用品</td><td colspan="2">完成□　未完成□</td><td>护目镜□　工装□　手套□
其他□</td></tr>
<tr><td colspan="2">2.检查车辆防护用品</td><td colspan="2">完成□　未完成□</td><td>车内五件套□　车外三件套□
车辆挡块□</td></tr>
<tr><td rowspan="12">五、实施过程</td><td colspan="3">实施步骤</td><td colspan="2">完成情况记录</td></tr>
<tr><td colspan="5">（一）仪表指示灯功能检查</td></tr>
<tr><td colspan="3">1.开启点火开关到ON挡，调节仪表板和开关
亮度调节旋钮</td><td colspan="2">完成□　未完成□　异常情况：</td></tr>
<tr><td colspan="3">2.检查组合开关、转向及远近操纵杆功能</td><td colspan="2">完成□　未完成□　异常情况：</td></tr>
<tr><td colspan="3">3.测试仪表板上的各种指示灯能否正常开启
和关闭</td><td colspan="2">完成□　未完成□　异常情况：</td></tr>
<tr><td colspan="3">4.测试前照灯照射范围调节功能</td><td colspan="2">完成□　未完成□　异常情况：</td></tr>
<tr><td colspan="5">（二）仪表报警灯功能检查</td></tr>
<tr><td colspan="3">1.开启点火开关到ON挡，目检各个报警灯</td><td colspan="2">完成□　未完成□　异常情况：</td></tr>
<tr><td colspan="3">2.开启点火开关到START挡，目检警告灯</td><td colspan="2">完成□　未完成□　异常情况：</td></tr>
<tr><td colspan="5">（三）水温表、转速表及燃油表检查</td></tr>
<tr><td colspan="3">1.开启点火开关到ON挡，检查水温表</td><td colspan="2">完成□　未完成□　异常情况：</td></tr>
<tr><td colspan="3">2.检查燃油表</td><td colspan="2">完成□　未完成□　异常情况：</td></tr>
<tr><td colspan="3">3.起动发动机，轻踩加速踏板，2000～3000r/min
时松开，再反复尝试，检查转速指针</td><td colspan="2">完成□　未完成□　异常情况：</td></tr>
</table>

续上表

	实施步骤	完成情况记录
五、实施过程	(四)仪表板多功能显示屏检查	
	1. 开启点火开关到 ON 挡,检查显示屏	完成□　未完成□　异常情况:
	2. 开启汽车音响系统,检查音量	完成□　未完成□　异常情况:
	3. 检查电话蓝牙接听键及其他多媒体控制键	完成□　未完成□　异常情况:
	4. 检查各功能的显示和调节	完成□　未完成□　异常情况:
	5. 调整维护旅程	完成□　未完成□　异常情况:
	(五)多媒体屏幕显示功能检查	
	1. 开启点火开关到 ON 挡,检查多媒体系统的屏幕	完成□　未完成□　异常情况:
	2. 检查音量调节、静音等功能	完成□　未完成□　异常情况:
	3. 测试 GPS 响应速度和定位准确性	完成□　未完成□　异常情况:
	4. 测试触摸屏上所有的图标和菜单	完成□　未完成□　异常情况:
	(六)人机交互功能检查	
	1. 测试语音助手的唤醒功能	完成□　未完成□　异常情况:
	2. 通过语音指令控制车辆的各项功能	完成□　未完成□　异常情况:
	3. 检查手机互联功能	完成□　未完成□　异常情况:
	4. 检查触摸屏的触控灵敏度	完成□　未完成□　异常情况:
六、场地清洁整理	1. 清洁、整理工量具	完成□　未完成□　其他情况:
	2. 清理、恢复车辆正常状况	完成□　未完成□　其他情况:
	3. 清洁场地	完成□　未完成□　其他情况:
	4. 整理收纳使用物品	完成□　未完成□　其他情况:
	5. 完善工单	完成□　未完成□　其他情况:
七、实训收获及反思		

任务评价

对本学习任务进行评价,见表 4-7。

仪表及多媒体检查任务评分表 表 4-7

考核项目	评分标准	分数(分)	学生自评(分)(20%)	小组互评(分)(30%)	教师评价(分)(50%)	小计(分)
小组合作	是否和谐	2				
活动参与	是否积极主动	2				
安全生产	有无安全隐患	2				
环境管理	是否做到	2				
任务方案	是否正确、合理	2				
操作过程	仪表指示灯功能检查	15				
	仪表报警灯功能检查	10				
	水温表、转速表及燃油表检查	10				
	仪表板多功能显示屏检查	15				
	多媒体屏幕显示功能检查	15				
	人机交互功能检查	15				
任务完成情况	是否圆满完成任务	4				
工具和设备使用	是否规范、标准	2				
劳动纪律	是否能严格遵守	2				
工单填写	是否完整、规范	2				
总分		100				
时间： 年 月 日			得分			

🗒 课后练习

一、填空题

1. 仪表报警灯用于提示驾驶人车辆存在的潜在问题或故障,包括警示灯和_____两类。

2. 汽车多媒体的输入设备包括触摸屏、物理按键和_____系统。

3. 检查多媒体系统的导航功能时,需测试 GPS 的_____速度和定位准确性。

二、选择题

1. 检查仪表板报警灯时,若起动发动机后报警灯仍常亮,则应该( )。

    A. 忽略报警灯   B. 用解码仪读取故障码

    C. 断开电瓶重启   D. 更换灯泡

2. 汽车多媒体系统中,用于接收和显示导航信息的设备是( )

    A. 收音机   B. GPS 导航系统   C. 蓝牙电话   D. 音响系统

3. 在进行仪表指示灯功能检查时,以下(　　　)步骤不是必须的。

    A. 调节仪表板和开关亮度调节旋钮　　　　B. 检查组合开关及远近光操纵杆功能

    C. 测试空调制冷效果　　　　　　　　　　D. 依次测试各种指示灯的开启和关闭

三、判断题

1. 如果报警灯在起动发动机后常亮或闪烁,说明车辆各系统正常。　　　　　　　(　　　)

2. 汽车多媒体系统中的 USB 接口只能用于充电。　　　　　　　　　　　　　　(　　　)

3. 任何报警灯的亮起都可能表示车辆存在问题。　　　　　　　　　　　　　　　(　　　)

项目五
发动机舱检查与维护

🔧 项目描述

发动机作为汽车的心脏,其能否正常运行直接关系到车辆的性能、安全性和使用寿命。本项目旨在通过系统性的发动机舱检查与维护,确保发动机处于最佳工作状态,预防潜在故障,延长发动机使用寿命。本项目涵盖油、水检查,蓄电池检测,传动皮带检查,机油及机油滤清器检查更换,以及发动机内部除炭等关键任务,及时发现并解决潜在问题,确保车辆性能稳定,提升客户满意度。

本项目包括以下三个任务:

任务一　发动机舱常规检查
任务二　机油更换
任务三　发动机内部除炭

🔧 学习目标

◈ 知识目标

1.熟悉发动机舱布局与标志,认识并理解各种油、水、气、电及相关管路的连接和功能及其对发动机性能的影响。

2.掌握油、水、蓄电池、皮带、管路线路等各项维护项目的具体标准和要求。

3.掌握机油在发动机中的作用,理解机油滤清器对保持机油清洁度的意义,掌握机油滤清器更换周期和方法。

4.理解发动机内部积炭的原因和对发动机性能的影响,掌握除炭的必要性和方法。

◈ 技能目标

1.确保工作环境安全,并能为正确操作车辆进行必要的准备。

2.能够通过观察,结合工具对发动机舱进行全面检查,准确判断油、水液位,质量,识别部件磨损、老化、松动、渗漏等异常情况。

3.能够按照维护手册或标准操作流程,完成相关部件的维护作业。

4.掌握正确排放旧机油、更换机油滤清器、加注新机油的步骤及注意事项,确保更换过程中无油液泄漏。

5.会使用专业的除炭产品或工具进行发动机内部清洁,包括进气道、燃烧室等区域的除炭处理,注意操作安全及效果评估。

6.对检查中发现的异常情况进行记录,并给出初步的维修建议或预警。

❖ **素养目标**

1.树立强烈的安全意识,始终将人身安全放在首位,严格遵守操作规程和安全规范。

2.对检查与维护工作保持高度的责任心,确保每一项检查都细致入微,不遗漏任何潜在问题。

3.认识到汽车技术的不断更新换代,保持对新知识的渴望和学习热情,不断提升自己的专业技能和理论水平。

4.在团队中积极沟通协作,分享经验和知识,共同解决问题,提升团队整体效能。

5.在检查与维护过程中注重环保,合理处理废油、废液等污染物,遵守环保法规。

任务一　发动机舱常规检查

一、发动机舱组成

发动机舱是汽车内部的重要部分,其中包含了多个关键组件和系统,如空气和燃油供给系统、冷却系统、润滑系统、点火系统、制动系统、蓄电池、熔断丝盒等。这些组件和系统共同协作,确保汽车的正常运行。发动机舱组成如图5-1所示。

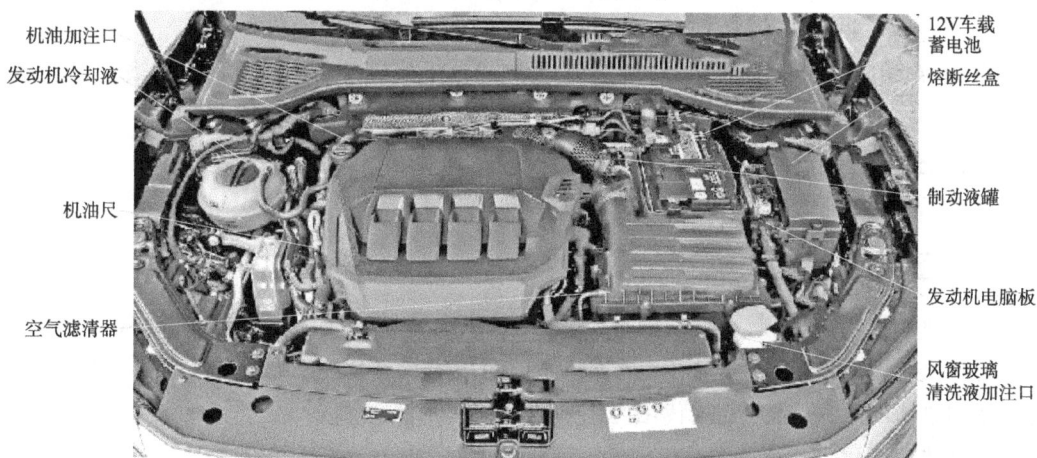

图5-1　发动机舱组成

二、发动机舱检查

(一)冷却系统检查

冷却系统的主要工作是将热量散发到空气中,以防止发动机过热,使发动机尽快升温,并使其保持恒温。冷却系统主要由以下部件组成:电动风扇、散热器、热敏开关、冷却液软管、补偿水桶、暖风装置、汽缸盖水套、汽缸体水套、水泵、节温器等。

汽车冷却液在车辆的运行中起着至关重要的作用,主要包括防止冷却液凝固、防止过热、防水垢、防腐蚀、提供润滑。

冷却系统检查包括:

(1)检查冷却液液面高度,用照明灯协助目视检查储液罐内液面是否在最大(MAX)和最小(MIN)刻度范围内(不要用手用力摇晃)。若液位过低,添加至不超过 MAX 线。

提示:使用维修手册推荐型号的冷却液,不同型号的冷却液不能混用。发动机热态时,液面可略高于 MAX 线。

(2)使用冷却液冰点仪测量冷却液冰点值,如图 5-2 所示。

提示:冷却液冰点一般在 $-68 \sim -15℃$ 范围内,并根据车辆使用环境判断是否可用。

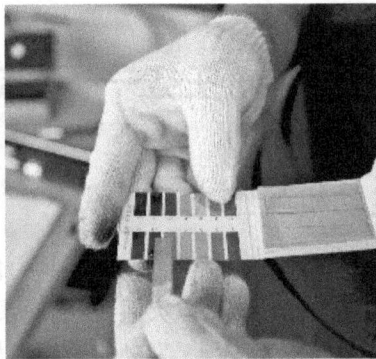

(3)使用 pH 试纸检测冷却液 pH 值,如图 5-3 所示。

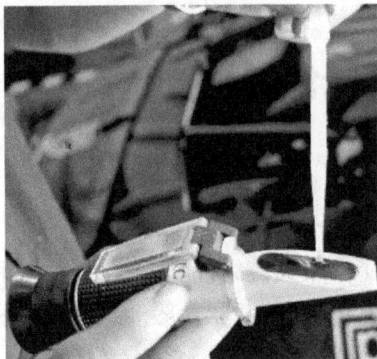

图 5-2　测量冷却液冰点值　　　　图 5-3　检测冷却液 pH 值

提示:冷却液国家标准要求 pH 值范围为 $7 \sim 9$,pH 值低于 7 必须更换冷却液。

(4)检查冷却系统的管路、接头等是否有泄漏和管路老化现象。

(5)检查散热器是否泄漏,检查软管是否开裂、损伤,夹扣是否松弛。

(6)检查风扇是否损坏、脏堵。

(二)蓄电池检查

蓄电池的作用包括:起动发动机时,给起动机供电;当发电机过载时,可以协助发电机向用电设备供电;当发电机不发电或电压较低时,向用电设备供电;当发电机端电压高于铅酸蓄电池的电压时,将一部分电能转化为化学能储存起来。

蓄电池检查包括:

(1)检查外部是否开裂、变形、泄漏,左右移动以确定其被固定牢固。

(2)检查极柱端子是否有白色粉末。若有,清除干净。

(3)左右移动电极端子,检查是否松弛。

(4)用万用表测量蓄电池电压。

提示:静态电压一般为 $12.4 \sim 12.6V$,超出这个范围可能表明充电不足或电池老化等。动态电压一般为 $13.5 \sim 14.5V$,超出这个范围可能表明充电系统或电路存在故障。

(5)用蓄电池测试仪进行容量测试,并打印出结果(良好/充电/更换),如图 5-4 所示。

提示：根据测量结果决定充电或更换。

（三）制动液检查

汽车制动系统在发动机舱的部件包括真空助力器、制动液罐、制动总泵、ABS 泵、制动管路等。制动液的主要作用包括传递压力、实现制动、散热、防腐、防锈、润滑。

制动液检查包括：

（1）检查制动液液位，应在制动液罐外 MAX 与 MIN 刻度之间。

提示：若需要添加，请查看制动液罐外侧标注的标号，或查阅维修手册，不同标号不能混加。

（2）检查真空助力器和真空管是否破损、老化、有裂纹。

（3）使用制动液含水率检测仪检查制动液含水率，如图 5-5 所示。

图 5-4　蓄电池容量测试　　　图 5-5　检查制动液含水率

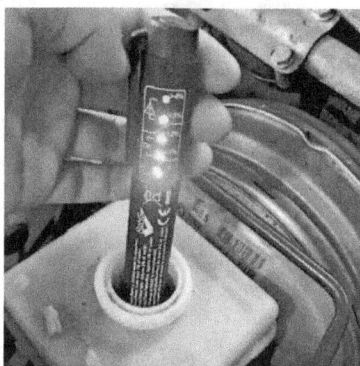

提示：绿灯亮，不用更换；黄灯亮，建议更换；红灯亮，必须更换。制动液的更换周期一般为两年或 4 万 km。

（4）检查储液罐、制动总泵、ABS 泵、制动管路及接头有无泄漏。

（四）火花塞检查

火花塞的作用是通过点火线圈将高压电引入燃烧室，并使其跳过电极间隙而产生火花，从而点燃汽缸中的可燃混合气。

火花塞检查包括：

（1）清除发动机表面及点火线圈周围的油污和杂物，确保工作环境整洁。

（2）检查点火线圈的接线端子是否松动、腐蚀或损坏。

（3）拆卸点火线圈连接器、固定螺栓，使用专用工具拔出点火线圈。

提示：不使用专用工具拔取可能会造成损坏，同时在拔拉的时候注意用力方向。

（4）检查点火线圈外观，有无裂纹、破损或变形等情况。

（5）使用专用套筒拆卸火花塞，并取出火花塞。

（6）检查火花塞外观是否有裂痕、烧蚀、积炭等情况。

提示：普通镍合金火花塞在行驶约 4 万 km 时更换，铂金火花塞 6 万 km 更换，铱金火花塞 8 万 km 更换，带涡轮增压器的发动机火花塞建议 4 万 km 更换。

(7)用厚薄规测量火花塞电极间隙,如图5-6所示。

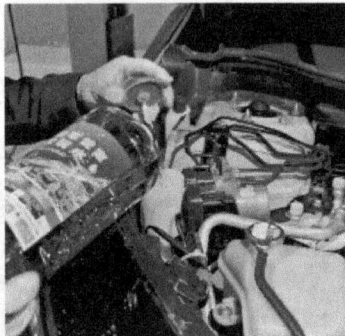

提示:如果发现火花塞颜色变黑、有严重积炭或烧蚀,则需要更换新的火花塞;一般火花塞的电极间隙间距为 $0.6 \sim 1.3$mm。

(五)风窗玻璃清洗液检查

风窗玻璃清洗液的作用包括清洗、防冻、防雾、润滑、防腐蚀。

风窗玻璃清洗液检查方法如下:

打开盖子,将风窗玻璃清洗液倒入,然后再将盖子盖紧,如图5-7所示。

图5-6　测量火花塞电极间隙　　　　图5-7　加注风窗玻璃清洗液

提示:风窗玻璃清洗液壶容量一般为 $4 \sim 5$L,不一定在壶上都会有刻度,添加时不要将风窗玻璃清洗液加得过满;不同品牌的风窗玻璃清洗液不建议混加,以免产生沉淀物。如有必要,要进行冰点检查。

(六)附件皮带检查

(1)用套筒扳手转动曲轴的皮带轮,观察皮带是否磨损、撕裂,如图5-8所示。

提示:确保操作时发动机是关闭状态。如果附件皮带表面有基层裂纹,可能会在工作过程中导致皮带断裂,建议立即更换。

图5-8　附件皮带检查

(2)手指转动皮带的最长段的中间位置,确认是否可以扭转超过90°,判断是否松弛。

提示:确认皮带张紧轮无损且紧固的情况下,若皮带松弛,则更换皮带。附件皮带的更换周期一般在 $3 \sim 5$ 年或 8 万 ~ 10 万 km。

(七)空气滤清器检查

空气滤清器装在发动机的进气口位置,它能够有效地过滤空气中的灰尘杂质,使进入燃烧室的空气纯净度大大提高,从而保证燃油燃烧充分。

空气滤清器检查包括:

(1)检查空气滤清器是否干净、无破损。

(2)清洁空气滤清器。

提示:若滤清器表面有油污、灰尘或者破损,则更换。更换前请仔细对比新旧滤清器的尺寸。用压缩空气清洁滤芯时,应与进气方向相反。

(八)线束、管路等附件检查

(1)检查水管、油管、气管是否扭结、磨损、腐蚀、开裂或有其他损坏。

(2)检查机舱线束外观是否破损或老化。

(3)检查炭罐及管路表面是否开裂、有损伤(仅限炭罐布置在发动机舱的车型)。

(4)检查发动机上的胶垫是否损坏。

(5)检查变速器胶垫是否损坏。

(6)检查紧固减振器上座的螺栓,确认不处于松弛状态。

任务实施

发动机舱内常规检查

一、实训准备

(1)实训设备:教学车辆、维修手册。

(2)实训工量具:常规工具、冰点检测仪、制动液含水率检测仪、蓄电池测试仪、万用表、照明灯、车辆挡块、工具车、工具盘、车辆防护用品等。

(3)耗材:冷却液、pH 试纸、制动液、风窗玻璃清洗液、抹布、手套。

二、实训步骤

按发动机舱常规检查任务表(表 5-1)完成发动机舱常规检查。

发动机舱常规检查任务表　　　　　　　表 5-1

一、操作基本信息	姓名:		班级:		学号:	
	实训时间:		实训地点:			
二、实训车辆信息	总里程:		品牌车型:			
	车辆识别代码(VIN 码):					
三、场地准备		项目	操作情况		检查结果	
	1.检查清洁场地		完成□　未完成□		正常□　异常□　异常情况:	
	2.检查实训工量具		完成□　未完成□		正常□　异常□　异常情况:	
	3.检查耗材		完成□　未完成□		正常□　异常□　异常情况:	
	4.检查急救药品是否齐全		完成□　未完成□		消毒药剂□　止血用品□ 止痛药□　烫伤膏□　其他□ 异常情况:	

项目		操作情况	检查结果
四、安全防护用品	1.检查操作人员安全防护用品	完成□ 未完成□	护目镜□ 工装□ 手套□ 其他□
	2.检查车辆防护用品	完成□ 未完成□	车内五件套□ 车外三件套□ 车辆挡块□

	实施步骤	完成情况记录
五、实施过程	(一)冷却系统检查	
	1.检查冷却液液位	完成□ 未完成□ 异常情况：
	2.检查冷却液冰点	测量值： 其他情况：
	3.检查冷却液 pH 值	测量值： 其他情况：
	4.检查冷却系统的管路、接头	完成□ 未完成□ 异常情况：
	5.检查散热器及风扇	完成□ 未完成□ 异常情况：
	(二)蓄电池检查	
	1.检查蓄电池外观	完成□ 未完成□ 异常情况：
	2.检查蓄电池紧固情况	完成□ 未完成□ 拧紧力矩为：
	3.检查蓄电池极柱	完成□ 未完成□ 异常情况：
	4.检查蓄电池电压	测量值： 其他情况：
	5.检查蓄电池容量	测量值： 其他情况：
	(三)制动系统检查	
	1.检查制动液液位	完成□ 未完成□ 异常情况：
	2.检查制动液含水率	测量值： 其他情况：
	3.检查机舱制动管路	完成□ 未完成□ 异常情况：
	4.检查制动液管路及接头处	完成□ 未完成□ 异常情况：
	(四)火花塞检查	
	1.清洁点火线圈外围	完成□ 未完成□ 异常情况：
	2.检查点火线圈的接线端子	完成□ 未完成□ 异常情况：
	3.拆卸点火线圈	完成□ 未完成□ 异常情况：
	4.检查点火线圈外观	完成□ 未完成□ 异常情况：
	5.拆卸火花塞	完成□ 未完成□
	6.检查火花塞外观	完成□ 未完成□ 异常情况：
	7.测量火花塞电极间隙	测量值： 其他情况：
	(五)风窗玻璃清洗液检查	
	检查并添加风窗玻璃清洗液	完成□ 未完成□ 异常情况：
	(六)附件皮带检查	
	1.检查附件皮带外观	完成□ 未完成□ 异常情况：
	2.检查附件皮带张紧度	完成□ 未完成□ 异常情况：

续上表

	实施步骤	完成情况记录
	(七)空气滤清器检查	
	1.检查空气滤清器外观	完成□　未完成□　异常情况:
	2.清洁空气滤清器	完成□　未完成□　其他情况:
	(八)线束、管路等附件检查	
五、实施过程	1.检查水管、油管、气管	完成□　未完成□　异常情况:
	2.检查机舱线束	完成□　未完成□　异常情况:
	3.检查炭罐及管路	完成□　未完成□　异常情况:
	4.检查发动机上的胶垫	完成□　未完成□　异常情况:
	5.检查变速器胶垫	完成□　未完成□　异常情况:
	6.检查紧固减振器上座的螺栓	完成□　未完成□　异常情况:
六、场地清洁整理	1.清洁、整理工量具	完成□　未完成□　其他情况:
	2.清理、恢复车辆正常状况	完成□　未完成□　其他情况:
	3.清洁场地	完成□　未完成□　其他情况:
	4.整理收纳使用物品	完成□　未完成□　其他情况:
	5.完善工单	完成□　未完成□　其他情况:
七、实训收获及反思		

🎯 **任务评价**

对本学习任务进行评价,见表5-2。

发动机舱常规检查任务评分表　　　　　　表5-2

考核项目	评分标准	分数(分)	学生自评(分)(20%)	小组互评(分)(30%)	教师评价(分)(50%)	小计(分)
小组合作	是否和谐	2				
活动参与	是否积极主动	2				
安全生产	有无安全隐患	2				
环境管理	是否做到	2				
任务方案	是否正确、合理	2				

续上表

考核项目	评分标准	分数 (分)	学生自评(分) (20%)	小组互评(分) (30%)	教师评价(分) (50%)	小计 (分)
操作过程	冷却系统检查	10				
	制动系统检查	10				
	蓄电池检查	10				
	火花塞检查	10				
	风窗玻璃清洗液检查	5				
	附件皮带检查	5				
	空气滤清器检查	10				
	线束、管路等附件检查	10				
	场地清洁整理	10				
任务完成情况	是否圆满完成任务	4				
工具和设备使用	是否规范、标准	2				
劳动纪律	是否能严格遵守	2				
工单填写	是否完整、规范	2				
总分		100				
时间: 年 月 日			得分			

课后练习

一、填空题

1. 发动机舱检查中,要确保发动机冷却液处于_____位置。

2. 用万用表检查蓄电池的静态电压,读数一般为_____V,超出这个范围可能表明充电不足或电池老化等问题。

3. 制动液检查不仅要查看液位是否在规定的范围内,还需检查制动液的_____是否符合标准。

二、选择题

1. 发动机舱( )的液位过低可能会导致发动机过热。

　　A. 机油　　　　　　　B. 冷却液　　　　　　C. 制动液　　　　　　D. 燃油

2. 普通镍合金火花塞在行驶里程达( )万 km 时更换。

　　A. 4　　　　　　　　B. 6　　　　　　　　C. 8　　　　　　　　D. 10

3. 下列( )不是发动机舱常规检查的一部分。

　　A. 检查皮带松紧度　　　　　　　　　　B. 测试空调制冷效果

　　C. 观察是否有漏油现象　　　　　　　　D. 确认所有液体无泄漏

三、判断题

1. 发动机舱检查时,只需查看主要部件,无须关注周围的小零件和线路。　　　(　　)
2. 如果发现发动机舱有明显的油渍,应立即查找并修复泄漏源。　　　　　　(　　)
3. 在检查发动机舱时,可以直接用手触摸热的部件以检查其温度。　　　　　(　　)

任务二　机油更换

一、发动机润滑系统

发动机润滑系统是通过润滑油将发动机内部各个运动部件之间的摩擦减小,保护发动机的系统。

(一)润滑系统的作用

发动机润滑系统在发动机工作时连续不断地把数量足够、温度适当的洁净机油输送到全部传动件的摩擦表面,并在摩擦表面之间形成油膜,从而减小摩擦阻力、降低功率消耗、减轻机件磨损,以达到提高发动机工作可靠性和耐久性的目的。汽车发动机润滑系统如图5-9所示。

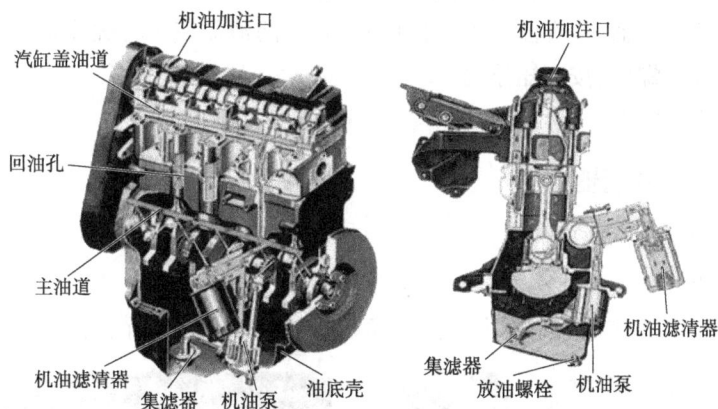

图5-9　汽车发动机润滑系统

(二)机油的作用

(1)润滑减磨:在两个滑动部件表面形成一层油膜让机件运转时不会发生摩擦。

(2)清洁分散:机油可以通过流动,冲洗零部件表面脏物,吸附发动机内的一些微小的金属碎屑,然后靠活塞油环刮下油底壳。

(3)冷却降温:发动机运转时产生高温,当机油到达运转部位就会吸收热量辅助机件散热。

(4)密封防漏:机油在活塞环和活塞之间以油膜的方法形成密封圈,防止燃烧后的废气窜入曲轴箱。

(5)防锈防蚀:机油中的添加剂在金属表面形成一层油膜,这层油膜能够隔绝金属与水、空气、酸性物质及有害气体的直接接触,从而防止零件生锈和腐蚀。

(6)减振缓冲:当发动机汽缸口压力变大,活塞、活塞环、连杆和曲轴轴承上的负荷很大时,这个负荷经过轴承传递润滑,对承受的冲击负荷起到缓冲的作用。

二、机油及机油滤清器检查更换

(一)机油质量检查

在白纸上滴一滴油底壳中的机油,若油滴中心黑点很大,呈黑褐色且均匀无颗粒,周围黄色浸润很小,说明机油变质应更换。若油滴中心黑点小而且颜色较浅,周围的黄色浸润痕迹较大,表明机油还可以使用。

(二)机油排放前准备

(1)检查机油滤清器盖上是否有油泥及机油乳化现象,清洁加注口及盖。
(2)在举升车辆前必须打开机油加注口盖。

(三)机油排放

(1)向集油器排放发动机机油,排油到点滴状为止,如图5-10所示。
(2)拆卸机油滤清器,检查滤清器附件拆除情况,滤清器座中心螺栓是否松动。
(3)安装新放油螺栓,按力矩紧固。
提示:紧固螺栓后清洁并标记。

(四)安装机油滤清器

(1)对比新旧机油滤清器。
提示:通过对比确认新旧滤清器的型号、大小、螺纹是否一致。
(2)安装新滤清器前在密封圈上涂抹干净的机油,如图5-11所示。

图5-10 机油排放

图5-11 安装机油滤清器

提示:涂抹机油是为了在旋紧滤清器时,减小滤清器的密封圈与底座结合面之间的摩擦,避免损坏;涂抹机油能提供一定的密封性;涂抹机油还可以使下次更换机油滤清器时更加容易拆卸。

(3)使用机油滤清器扳手或专用套筒安装新的机油滤清器,按规定力矩紧固。

(五)机油加注

(1)从加机油口盖处加注机油,加注量查阅维护手册。

(2)静置一段时间后抽出机油尺,用清洁布擦拭干净后重新插入,以检查油位。油迹应位于机油尺的上下刻度之间,略偏向中线上方。

提示:在加注过程中,建议频繁检查机油尺,以监控机油的添加情况。机油标号符合维护手册规定。

任务实施

机 油 更 换

一、实训准备

(1)实训设备:教学车辆、维修手册、举升机、集油器。

(2)实训工量具:常规工具、车辆挡块、工具车、工具盘、车辆防护用品等。

(3)耗材:机油、新机油滤清器、新油底壳螺栓、抹布、手套。

二、实训步骤

按机油更换任务表(表5-3)完成机油更换。

机油更换任务表 表5-3

一、操作基本信息	姓名:		班级:		学号:	
	实训时间:		实训地点:			
二、实训车辆信息	总里程:		品牌车型:			
	车辆识别代码(VIN码):					
三、场地准备	项目		操作情况		检查结果	
	1.检查清洁场地		完成□　未完成□		正常□　异常□　异常情况:	
	2.检查举升机使用情况		完成□　未完成□		正常□　异常□　异常情况:	
	3.检查实训工量具		完成□　未完成□		正常□　异常□　异常情况:	
	4.检查耗材		完成□　未完成□		正常□　异常□　异常情况:	
	5.检查急救药品是否齐全		完成□　未完成□		消毒药剂□　止血用品□　止痛药□　烫伤膏□　其他□　异常情况:	

续上表

项目	操作情况	检查结果
四、安全防护用品		
1.检查操作人员安全防护用品	完成☐ 未完成☐	护目镜☐ 工装☐ 手套☐ 其他☐
2.检查车辆防护用品	完成☐ 未完成☐	车内五件套☐ 车外三件套☐ 车辆挡块☐

实施步骤	完成情况记录
五、实施过程	
1.检查机油质量	完成☐ 未完成☐ 异常情况：
2.清洁加机油注口及盖	完成☐ 未完成☐ 异常情况：
3.打开机油加注口盖	完成☐ 未完成☐ 异常情况：
4.排放机油	完成☐ 未完成☐ 异常情况：
5.拆卸机油滤清器	完成☐ 未完成☐ 异常情况：
6.检查机油滤清器座中心螺栓	完成☐ 未完成☐ 异常情况：
7.安装新放油螺栓	完成☐ 未完成☐ 异常情况：
8.安装新机油滤清器	完成☐ 未完成☐ 异常情况：
9.加注机油	完成☐ 未完成☐ 异常情况：
10.检测油位	完成☐ 未完成☐ 异常情况：
六、场地清洁整理	
1.清洁、整理工量具	完成☐ 未完成☐ 其他情况：
2.清理、恢复车辆正常状况	完成☐ 未完成☐ 其他情况：
3.清洁场地	完成☐ 未完成☐ 其他情况：
4.整理收纳使用物品	完成☐ 未完成☐ 其他情况：
5.完善工单	完成☐ 未完成☐ 其他情况：

七、实训收获及反思

任务评价

对本学习任务进行评价，见表5-4。

机油更换任务评分表　　　　　　　　　　表5-4

考核项目	评分标准	分数（分）	学生自评(分)（20%）	小组互评(分)（30%）	教师评价(分)（50%）	小计（分）
小组合作	是否和谐	2				
活动参与	是否积极主动	2				

续上表

考核项目	评分标准	分数(分)	学生自评(分)(20%)	小组互评(分)(30%)	教师评价(分)(50%)	小计(分)
安全生产	有无安全隐患	2				
环境管理	是否做到	2				
任务方案	是否正确、合理	2				
操作过程	机油质量检查	10				
	机油排放前准备	10				
	机油排放	10				
	机油滤清器安装	20				
	机油加注	30				
任务完成情况	是否圆满完成任务	4				
工具和设备使用	是否规范、标准	2				
劳动纪律	是否能严格遵守	2				
工单填写	是否完整、规范	2				
总分		100				
时间:　年　月　日			得分			

课后练习

一、填空题

1. 在进行机油检查时,首先需确保发动机处于_____状态,以便准确测量机油液位。

2. 在进行机油检查时,查看机油液位是否在机油尺的_____刻度线之间。

3. 更换机油滤清器时,需确保新旧滤清器的_____、大小、螺纹一致。

二、选择题

1. 下列(　　)不是机油检查时需要关注的。

A. 机油液位　　　B. 机油颜色　　　　C. 机油品牌　　　D. 机油杂质含量

2. 机油滤清器更换周期通常取决于(　　)。

A. 发动机型号　　B. 行驶里程　　　　C. 机油品质　　　D. 以上都是

3. 在更换机油滤清器时,以下(　　)步骤是不正确的。

A. 直接用手拧紧新机油滤清器

B. 确保新机油滤清器密封垫完好无损

C. 涂抹适量机油在新机油滤清器密封垫上

D. 清理机油滤清器安装座上的杂质

三、判断题

1. 机油滤清器可以过滤掉机油中的所有杂质,因此无须频繁更换。 （　　）
2. 检查机油液位时,如果机油液位低于最低刻度线,应立即添加机油至最高刻度线。
（　　）
3. 更换机油滤清器时,无须涂抹机油在新机油滤清器的密封垫上。 （　　）

任务三　发动机内部除炭

一、发动机内部积炭概述

（一）发动机内部积炭成因

（1）在发动机正常工作中,混合气不能在汽缸内完全燃烧,产生油烟和润滑油烧焦的微粒,进一步受到氧化变成胶质,在高温的反复作用下形成积炭。

（2）汽油质量差,含硫量高,燃烧产生的硫化物和金属反应生成硫酸盐,经高温生成积炭。

（3）机体温度过高,润滑油使用时间过长,胶质含量高,形成积炭。

（4）由于曲轴箱通风设置,发动机内部的废气直接引入进气歧管,一部分附着在管壁上及气门背部形成积炭。

（二）发动机积炭带来的危害

（1）损坏发动机机构。活塞顶部、火花塞、缸内喷油嘴、进排气门和进气管的汽缸入口处附着积炭,可能会产生运动干涉,对发动机造成破坏。

（2）汽缸内积炭严重会使燃烧室容积减小,压缩比增大,容易引起爆震。

（3）可能出现冷启动困难、怠速不稳、加速时有异响或加速不良等情况,火花塞积炭,会减弱点火能力或引起点火失败,汽缸漏气会导致压力下降。

（4）造成油耗增加及尾气污染物排放增加。

二、发动机内部除炭操作

（一）清洗前准备

（1）起动发动机并运行一段时间,让发动机水温达到正常温度。

（2）用解码仪检查发动机的各运行参数。

（3）检查尾气颜色及有无烟尘。

（二）汽缸内积炭清洗

（1）把点火线圈、火花塞依次取出,按顺序摆放。

（2）选取长度一致的两把起子，把起子分别从火花塞位置插入相邻汽缸内，平放在活塞顶部，旋转曲轴，使两活塞在同一高度，如图5-12所示。

（3）根据车型选用缸内除炭剂F107，根据汽缸数把除炭剂均匀分配，从火花塞孔倒入汽缸。

（4）用火花塞密封汽缸。

提示：注意火花塞不用紧固。

（5）浸泡15min左右，取出火花塞。

（6）用大针筒连接软管，软管插入汽缸内，用力抽放针筒，使除炭剂F107-1充分冲洗汽缸，如图5-13所示。

图5-12　调整活塞高度

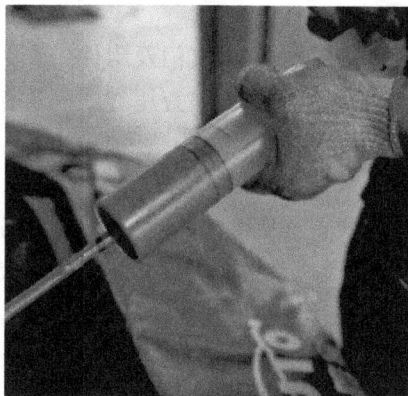

图5-13　清洗汽缸

提示：每缸冲洗1min左右，抽出所有除炭剂F107-1。

（7）使用F107-2再次清洗汽缸，使用步骤与除炭剂F107-1一致。

（8）使用内窥镜检查各缸清洗情况，如图5-14所示。

（9）必要时将活塞转至上止点，用压缩空气清洁。

提示：注意不要刮伤汽缸壁。

（10）各缸清洁完毕后，再次用内窥镜检查。

（11）安装新的火花塞，安装点火线圈。

提示：必须按照维修资料规定力矩值进行紧固，火花塞须成组更换。

(三)清洗进气管道及节气门

（1）拆卸进气歧管及相关附件。

（2）拆下节气门，准备节气门专业还原清洗剂。

（3）用清洁剂清洗节气门外观，用棉签仔细清除污垢及积炭，如图5-15所示。

（4）用清洁剂从连接节气门位置清洗进气歧管。

（5）清洗进气歧管连接汽缸盖端口处。

（6）清洗汽缸盖端的进气道。

（7）用高压气枪吹干进气歧管，用毛巾擦干净污渍。

图 5-14　检查各缸清洗情况

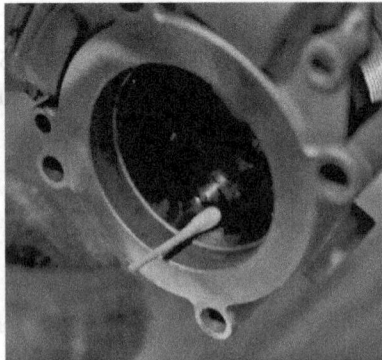

图 5-15　清洗节气门

(8)安装进气歧管、节气门及附件。

(9)起动发动机,再次检查尾气颜色及有无烟尘。

(四)添加机油油路清洗剂

(1)熄火状态下从机油加注口添加动力还原套装 F105 中的 F1,如图 5-16 所示。

提示:此时发动机内的机油仍为旧机油;添加完毕后起动发动机,怠速状态下运行 15min。

(2)按步骤排放旧机油及更换机油滤清器。

(3)取出动力还原套装 F105 中的 F2,从机油加注口添加到发动机内。

(4)按步骤加注新机油。

(五)清洗三元催化器

(1)将三元催化清洗剂倒入专用吊瓶。

提示:根据车型选用清洗剂。

(2)组装吊瓶、压力表组件,并悬挂妥当。

(3)清洗软管接口插入进气歧管压力传感器处。

(4)起动车辆,运行至 1500n/min,直至清洗剂加注完毕。

提示:清洗过程中尾气排放故障报警灯或发动机故障报警灯可能点亮。注意控制吊瓶压强,不超过 0.35MPa,如图 5-17 所示。

图 5-16　添加机油油路清洗剂

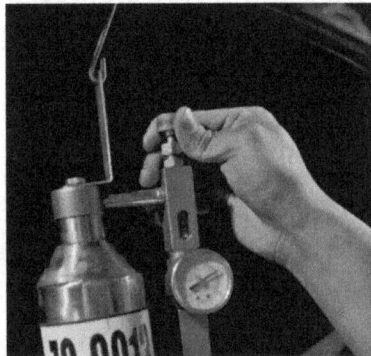

图 5-17　控制吊瓶压强

（5）加注完成后，使用解码仪清除故障码。

（6）熄火后将动力还原套装 F105 中的 F4 倒入燃油箱。

任务实施

发动机内部除炭

一、实训准备

（1）实训设备：教学车辆、维修手册、举升机、集油器。

（2）实训工量具：常规工具、解码仪、软管、大注射器、内窥镜、车辆挡块、工具车、工具盘、车辆防护用品等。

（3）耗材：动力还原套装 F105、缸内除炭剂 F107、节气门专业还原清洁剂、三元催化清洗剂、抹布、手套。

二、实训步骤

按发动机内部除炭任务表（表 5-5）完成发动机内部除炭。

发动机内部除炭任务表 表 5-5

一、操作基本信息	姓名：		班级：		学号：	
	实训时间：		实训地点：			
二、实训车辆信息	总里程：		品牌车型：			
	车辆识别代码（VIN 码）：					
三、场地准备	项目		操作情况		检查结果	
	1.检查清洁场地		完成□　未完成□		正常□　异常□　异常情况：	
	2.检查举升机使用情况		完成□　未完成□		正常□　异常□　异常情况：	
	3.检查实训工量具		完成□　未完成□		正常□　异常□　异常情况：	
	4.检查耗材		完成□　未完成□		正常□　异常□　异常情况：	
	5.检查急救药品是否齐全		完成□　未完成□		消毒药剂□　止血用品□　止痛药□　烫伤膏□　其他□　异常情况：	
四、安全防护用品	1.检查操作人员安全防护用品		完成□　未完成□		护目镜□　工装□　手套□　其他□	
	2.检查车辆防护用品		完成□　未完成□		车内五件套□　车外三件套□　车辆挡块□	

	实施步骤	完成情况记录
	(一)清洗前准备	
	1.起动发动机并运行一段时间,让发动机水温达到正常温度	完成□ 未完成□ 异常情况:
	2.用解码仪检查发动机的各运行参数	完成□ 未完成□ 异常情况:
	3.检查尾气颜色及有无烟尘	完成□ 未完成□ 异常情况:
	(二)汽缸内积炭清洗	
	1.依次取出点火线圈、火花塞	完成□ 未完成□ 异常情况:
	2.调整曲轴,使两活塞在同一高度	完成□ 未完成□ 异常情况:
	3.将缸内除炭剂 F107 倒入汽缸	完成□ 未完成□ 异常情况:
	4.用火花塞密封汽缸	完成□ 未完成□ 异常情况:
	5.浸泡 15min 左右,取出火花塞	完成□ 未完成□ 异常情况:
	6.使用除炭剂 F107 充分冲洗汽缸	完成□ 未完成□ 异常情况:
	7.使用内窥镜检查各缸清洗情况	完成□ 未完成□ 异常情况:
	8.安装火花塞、点火线圈	完成□ 未完成□ 异常情况:
	(三)清洗进气管道及节气门	
	1.拆卸进气歧管及相关附件	完成□ 未完成□ 异常情况:
五、实施过程	2.用清洁剂清洗节气门	完成□ 未完成□ 异常情况:
	3.清洗进气歧管	完成□ 未完成□ 异常情况:
	4.清洗汽缸盖端的进气道	完成□ 未完成□ 异常情况:
	5.安装进气歧管、节气门及附件	完成□ 未完成□ 异常情况:
	6.起动发动机,检查尾气	完成□ 未完成□ 异常情况:
	(四)添加机油油路清洗剂	
	1.从机油加注口添加动力还原套装 F105 中的 F1	完成□ 未完成□ 异常情况:
	2.排放旧机油及更换机油滤清器	完成□ 未完成□ 异常情况:
	3.从机油加注口添加动力还原套装 F105 中的 F2	完成□ 未完成□ 异常情况:
	4.加注新机油	完成□ 未完成□ 异常情况:
	(五)清洗三元催化器	
	1.将三元催化清洗剂倒入专用吊瓶	完成□ 未完成□ 异常情况:
	2.组装吊瓶、压力表组件	完成□ 未完成□ 异常情况:
	3.接入清洗软管接口	完成□ 未完成□ 异常情况:
	4.起动车辆,运行至 1500r/min	完成□ 未完成□ 异常情况:
	5.用解码仪清除故障码	完成□ 未完成□ 异常情况:
	6.将动力还原动套装 F105 中的 F4 倒入燃油箱	完成□ 未完成□ 异常情况:

续上表

实施步骤		完成情况记录
六、场地清洁整理	1.清洁、整理工量具	完成□　未完成□　其他情况：
	2.清理、恢复车辆正常状况	完成□　未完成□　其他情况：
	3.清洁场地	完成□　未完成□　其他情况：
	4.整理收纳使用物品	完成□　未完成□　其他情况：
	5.完善工单	完成□　未完成□　其他情况：
七、实训收获及反思		

🔧 任务评价

对本学习任务进行评价,见表5-6。

发动机内部除炭任务评分表　　　　表5-6

考核项目	评分标准	分数（分）	学生自评(分)（20%）	小组互评(分)（30%）	教师评价(分)（50%）	小计（分）
小组合作	是否和谐	2				
活动参与	是否积极主动	2				
安全生产	有无安全隐患	2				
环境管理	是否做到	2				
任务方案	是否正确、合理	2				
操作过程	清洗前准备	10				
	汽缸内积炭清洗	20				
	进气管道及节气门清洗	20				
	机油油路清洗剂添加	10				
	三元催化器清洗	20				
任务完成情况	是否圆满完成任务	4				
工具和设备使用	是否规范、标准	2				
劳动纪律	是否能严格遵守	2				
工单填写	是否完整、规范	2				
总分		100				
时间：　年　月　日			得分			

课后练习

一、填空题

1. 发动机内部积炭的一个主要成因是混合气在汽缸内_____燃烧,产生油烟和润滑油烧焦的微粒。

2. 汽缸内积炭严重会使燃烧室容积减少,压缩比_____,容易引起爆震。

3. 清洗进气管道及节气门时,需要拆卸_____,以便更好地清洗。

二、选择题

1. 发动机内部积炭可能带来的危害不包括(　　　)。
   A. 损坏发动机机构　　　　　　　　B. 降低燃油经济性
   C. 冷起动困难　　　　　　　　　　D. 尾气污染物排放增加

2. 在进行汽缸内积炭清洗时,以下(　　　)步骤是不正确的。
   A. 取出点火线圈和火花塞　　　　　B. 紧固火花塞以防泄漏
   C. 使用缸内除炭剂并浸泡一段时间　D. 用内窥镜检查清洗情况

3. 在清洗进气管道及节气门时,以下(　　　)步骤是必要的。
   A. 直接用高压气枪吹干进气歧管
   B. 无须拆卸进气歧管
   C. 用清洁剂从连接节气门位置清洗进气歧管
   D. 仅用毛巾擦干净污渍即可

三、判断题

1. 发动机内部积炭严重时,可能会导致冷起动困难和怠速不稳。　　　　(　　　)

2. 汽油质量差是导致发动机内部积炭的一个重要原因。　　　　　　　(　　　)

3. 清洗进气管道及节气门时,无须拆卸进气歧管及相关附件。　　　　(　　　)

项目六
底盘检查与维护

项目描述

底盘的主要作用是支承和安装汽车发动机及其各部件、总成,形成汽车的整体造型,并接受发动机的动力,使汽车产生运动,保证汽车正常行驶。在汽车日常使用及维护作业中,全面掌握汽车底盘系统的基础检查、故障诊断及常规维护技能,特别是针对底盘的常规检查、制动器维护以及轮胎拆检等尤其重要。通过本项目的学习,学生将熟练掌握对汽车底盘核心组件进行全面评估与维护的技能,从而显著提升车辆的安全性能,并有效延长汽车的使用寿命。

本项目包含以下三个任务:

任务一　汽车底盘常规检查

任务二　制动器维护

任务三　轮胎拆检

学习目标

◈ 知识目标

1.掌握汽车底盘的结构,理解汽车底盘四大系统的组成和作用。

2.掌握汽车底盘各系统的工作过程及日常检查内容。

3.掌握制动器的作用和结构,了解制动器的日常检查项目。

4.掌握轮胎的识别方法,了解轮胎损伤的形式及日常检查项目。

◈ 技能目标

1.能够熟练进行底盘各部件的目视检查,能准确描述各系统部件的名称及检查结果判断。

2.能够进行制动器的拆检及判断制动器的使用状况。

3.能够正确使用扒胎机进行轮胎的拆装。

4.能够正确使用车轮动平衡仪对车轮进行动平衡检测及校对。

❖ **素养目标**

1.培养高度的安全责任意识,始终将个人及他人的安全放在首位,遵守所有相关的安全规定和操作流程。

2.在常规检查维护作业中能够有效地与团队成员沟通协作,共同解决问题,提升工作效率。

3.在作业过程中注重资源节约和环境保护,采取合理措施减少废弃物排放,促进可持续发展。

4.树立良好的职业道德观念,对待工作认真负责,一丝不苟。

任务一　汽车底盘常规检查

一、底盘系统概述

底盘由传动系统、行驶系统、转向系统和制动系统四部分组成,各部分协同工作,确保汽车的平稳运行和安全性。底盘组成如图 6-1 所示。

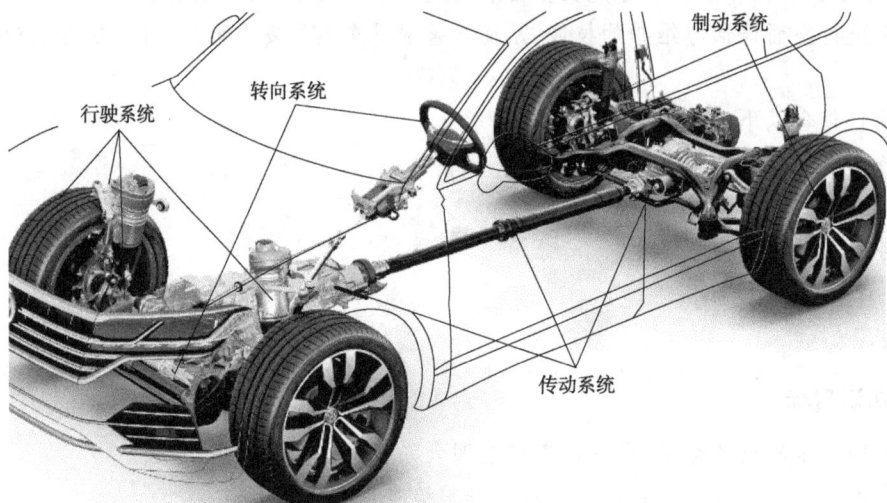

图 6-1　底盘组成

底盘的主要作用是支承和安装汽车发动机及其各部件、总成,形成汽车的整体造型,并接受发动机的动力,使汽车产生运动,保证汽车正常行驶。

(一)传动系统的组成和作用

传动系统指发动机到汽车驱动轮之间的传递动力的装置。传动系统的功能是:接受发动机的动力并传给驱动轮,增大来自发动机的转矩,降低发动机输出的转速,改变发动机输出转速的方向,切断发动机动力向驱动轮的传输等。

传动系统的主要部件包括离合器、变速器、万向传动装置、主减速器、差速器和半轴等，如图 6-2 所示。

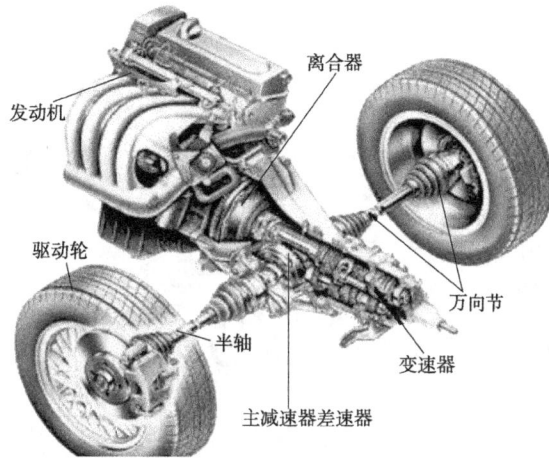

图 6-2 传动系统结构

（二）行驶系统的组成和作用

汽车行驶系统是指承受来自车和地面的各种静动载荷，保证汽车正常行驶的装置。汽车行驶系统的功能是：接受传动系统的动力，通过驱动轮与路面的作用产生牵引力，使汽车正常行驶；承受汽车的总重量和地面的反力；缓和不平路面对车身造成的冲击，缓冲汽车行驶中的振动，保证行驶的平顺性；与转向系统配合，保证汽车操纵稳定性。

行驶系统的主要部件包括副车架、横向稳定杆、车轮和悬架等，如图 6-3 所示。

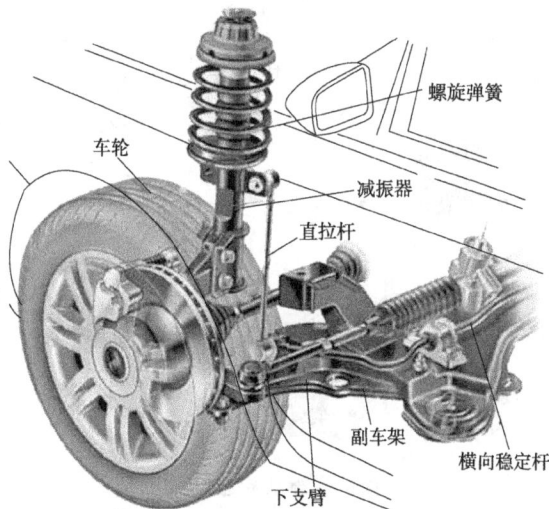

图 6-3 行驶系统结构

（三）转向系统的组成作用

（本任务以液压助力转向系统为例）转向系统是用来改变或保持汽车行驶或倒退方向的

一系列装置。转向系统的功能是按照驾驶人的意愿控制汽车的行驶方向。转向系统的主要部件包括转向盘、动力转向器、转向横拉杆、转向助力泵等,如图6-4所示。

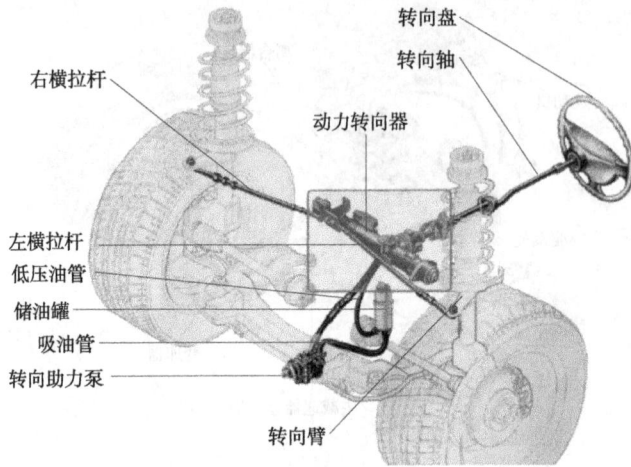

图6-4　转向系统结构

(四)制动系统的组成和作用

汽车制动系统是指对汽车某些部分(主要是车轮)施加一定的力,从而对其进行一定程度的强制制动的一系列专门装置。制动系统的作用是:使行驶中的汽车按照驾驶人的要求进行强制减速甚至停车;使已停驶的汽车在各种道路条件下(包括在坡道上)稳定驻车;使下坡行驶的汽车速度保持稳定。

制动系统主要由供能装置、控制装置、传动装置、制动器四部分组成,如图6-5所示。

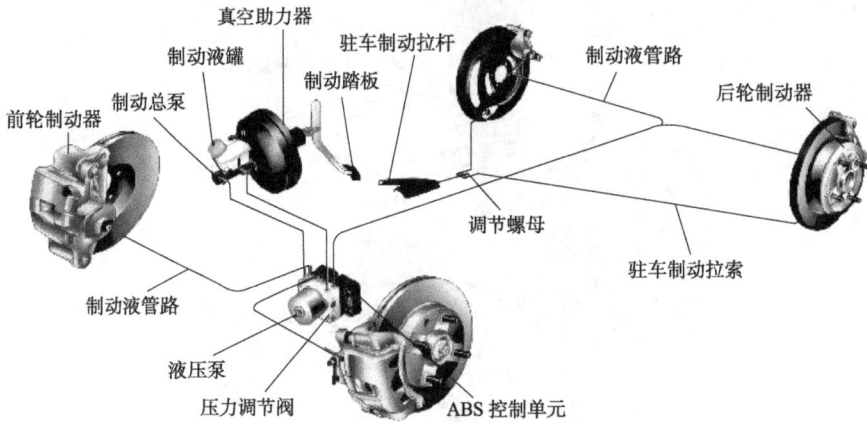

图6-5　制动系统结构

二、底盘各系统常规检查

底盘系统的常规检查主要针对各系统组成部件的外观磨损、变形、连接是否牢固及是否有油液泄漏等情况进行检查。

(一)传动系统检查

(1)目测变速器外观是否漏油,检查油质和油位。

提示:如果油质发生变化或油位低,应及时更换或添加变速器油。

(2)检查万向节防尘罩是否有明显的破损、裂纹或老化现象。

(3)转动驱动轮,观察万向节及半轴在活动时是否有异响或卡滞情况,如图6-6所示。

提示:万向节防尘罩如有破损,应及时更换。

(4)检查半轴连接处的螺栓紧固情况,检查半轴是否变形、凹陷。

(5)检查半轴与轮毂花键连接处是否连接牢固,横销螺栓是否紧固。

(二)行驶系统检查

(1)检查减振胶套是否完好。

(2)检查减振弹簧是否有变形、扭曲、裂纹等异常情况。

(3)检测减振器是否有漏油或损坏的迹象。

(4)检查减振器阻尼效果,如图6-7所示。

图6-6　观察万向节及半轴

图6-7　检查减振器

提示:用力按下车头或车尾部分,然后松开,如果汽车有2~3次跳跃回弹,则说明减振器工作良好。

(5)检查副车架是否有变形或裂纹,与车身连接处的紧固螺栓是否松动,连接是否稳固。

(6)检查横向稳定杆杆身是否弯曲变形,杆底座是否牢固,吊环是否完好。

(7)检查下支臂的紧固螺母是否松动,观察与副车架的连接胶套是否破损或撕裂。

(8)检查下支臂的球头是否生锈、卡滞,如图6-8所示。

提示:下支臂球头受工作环境影响,是易损件,请在日常维护时注意检查。

(9)检查直拉杆的连接是否紧固,观察直拉杆是否磨损或变形。

(10)检查各处螺栓的标记是否完好。

(11)以同样的方式检查后桥部分。

(12)检查排气管是否破损,吊挂位置是否牢固(在举升车辆时顺带检查)。

(13)检查燃油蒸发管路有无扭结、磨损、腐蚀或其他损坏(在举升车辆时顺带检查)。

(三)转向系统检查

(1)检查转向助力油储液罐是否完好,无泄漏。

(2)检查助力油液面是否在最低和最高标记之间,观察油液的颜色和清洁度,如图6-9所示。

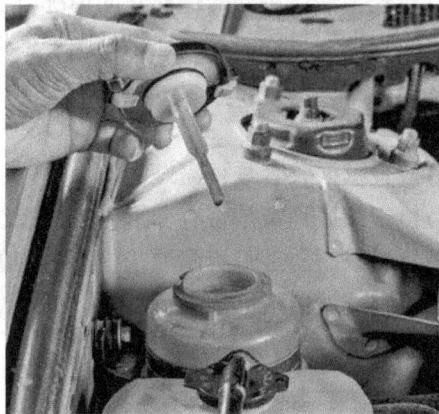

图6-8　检查下支臂　　　　　　　　　图6-9　检查助力油液面

提示:如果转向液颜色变暗或出现杂质,应及时更换。

(3)观察转向液管路是否泄漏、老化、开裂。

(4)检查转向助力泵,其外观是否损坏、泄漏,与油液管路连接处是否牢固。

提示:助力油储液罐、转向助力泵、转向器三者间的油管都要检查。

(5)观察传动带是否有开裂、老化或磨损严重的现象。

(6)检查转向泵传动带的松紧度。

提示:传动带松紧度应以手指按下1cm左右为宜。若过松或过紧,应调整或更换传动带。

(7)起动发动机,向左右两边转动转向盘,观察转向助力泵工作是否顺畅,是否有异响。

提示:在驾驶过程中,特别是在转弯时,应避免长时间将转向盘打到底;在原地转弯时,应留有一定余量,以防液压转向系统超压造成损坏。

(8)检查转向横拉杆和球头外观是否有裂纹或破损的情况,紧固件是否松动或损坏,如图6-10所示。

提示:转向横拉杆与球头连接处的螺杆和螺母,是调整车轮前束角的关键部位,日常维护中要检查是否牢固可靠。

(9)检查转向横拉杆球头与减振器下端的转向节连接处是否牢固,无松旷。

图6-10　检查转向横拉杆和球头外观

(10)检查转向器与转向横拉杆的连接是否牢固可靠。

(11)检查转向器外壳是否有裂纹、变形或漏油的现象。

(12)检查转向器是否有异响、卡滞等异常情况,能否正常回位。

提示:可到安全区域进行路试,检查转向系统的操作性和可靠性。

(四)制动系统检查

(1)清除制动系统上的油污、灰尘等杂物。

(2)观察制动鼓、制动盘、制动片、制动钳等部件是否完整、破损或变形。

(3)使用合适的工具检查制动系统各部件的紧固件,如螺母、螺栓等。

(4)观察制动油管(金属管)有无过度弯曲或挤压现象,是否松动或泄漏,连接部位是否牢固。

(5)观察驻车制动拉索是否完好,是否断裂、磨损或腐蚀。

(6)检查驻车制动拉索的连接部位是否牢固,是否松动或脱落。

(7)制动液软管连接部位是否牢固,是否有变形、磨损、老化、裂纹或泄漏现象。

(8)使用制动片厚度尺测量制动片的厚度,如图 6-11 所示。

提示:将测量结果与制造商规定的标准厚度进行比较,以判断制动片是否需要更换。

(9)观察 ABS 传感器及插头是否完好、安装牢固、无松动或损坏现象,如图 6-12 所示。

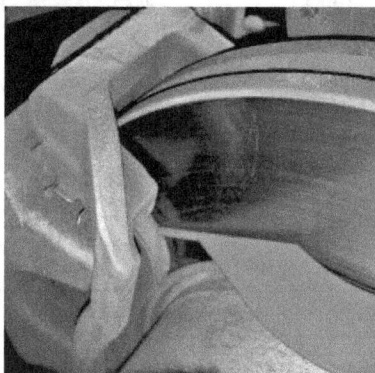

图 6-11　测量制动片的厚度　　　　图 6-12　观察 ABS 传感器及插头

(10)检查驻车制动拉索的可靠性。

提示:必要时可到安全区域进行路试。

🔧 **任务实施**

汽车底盘常规检查

一、实训准备

(1)实训设备:教学车辆、举升机。

(2)实训工量具:常规工具、车辆防护用品、制动片厚度尺等。

(3)耗材:抹布、手套。

二、实训步骤

按汽车底盘常规检查任务表(表6-1)完成汽车底盘常规检查。

汽车底盘常规检查任务表   表6-1

一、操作基本信息	姓名:		班级:		学号:	
	实训时间:		实训地点:			
二、实训车辆信息	总里程:		品牌车型:			
	车辆识别代码(VIN码):					
三、场地准备	**项目**		**操作情况**		**检查结果**	
	1.检查清洁场地		完成□ 未完成□		正常□ 异常□ 异常情况:	
	2.检查举升机使用情况		完成□ 未完成□		正常□ 异常□ 异常情况:	
	3.检查准备实训工量具		完成□ 未完成□		正常□ 异常□ 异常情况:	
	4.检查耗材		完成□ 未完成□		正常□ 异常□ 异常情况:	
四、安全防护用品	1.检查操作人员安全防护用品		完成□ 未完成□		工装□ 手套□ 其他□	
	2.检查车辆防护用品		完成□ 未完成□		车内五件套□ 车外三件套□ 车辆挡块□	
五、实施过程	**实施步骤**			**完成情况记录**		
	(一)传动系统检查					
	1.目测变速器外观,检查油质和油位			完成□ 未完成□ 异常情况:		
	2.检查万向节防尘罩			完成□ 未完成□ 异常情况:		
	3.转动驱动轮,观察万向节及半轴运动情况			完成□ 未完成□ 异常情况:		
	4.检查半轴连接处的螺栓紧固情况			完成□ 未完成□ 异常情况:		
	5.检查半轴与轮毂花键连接情况			完成□ 未完成□ 异常情况:		
	(二)行驶系统检查					
	1.检查减振胶套、减振弹簧外观			完成□ 未完成□ 异常情况:		
	2.检查减振器外观和阻尼效果			完成□ 未完成□ 异常情况:		
	3.检查副车架外观、螺栓紧固			完成□ 未完成□ 异常情况:		
	4.检查横向稳定杆外观、挂件			完成□ 未完成□ 异常情况:		
	5.检查下支臂的紧固,连接球头			完成□ 未完成□ 异常情况:		
	6.检查直拉杆的紧固、连接			完成□ 未完成□ 异常情况:		
	7.检查各处螺栓的标记是否完好			完成□ 未完成□ 异常情况:		
	(三)转向系统检查					
	1.检查转向横拉杆和球头			完成□ 未完成□ 异常情况:		
	2.检查助力油罐及液面			完成□ 未完成□ 异常情况:		

续上表

实施步骤	完成情况记录
3.观察转向液管路是否完好	完成□ 未完成□ 异常情况:
4.检查转向助力泵外观及油管连接情况	完成□ 未完成□ 异常情况:
5.观察传动带外观	完成□ 未完成□ 异常情况:
6.检查传动带松紧度	完成□ 未完成□ 异常情况:
7.检查转向横拉杆和球头	完成□ 未完成□ 异常情况:
8.检查转向横拉杆球头与转向节连接情况	完成□ 未完成□ 异常情况:
9.检查转向器与转向横拉杆的连接情况	完成□ 未完成□ 异常情况:
10.检查转向器外观	完成□ 未完成□ 异常情况:
(四)制动系统检查	
1.检查制动器部件是否完好	完成□ 未完成□ 异常情况:
2.检查制动系统各部件的紧固件	完成□ 未完成□ 异常情况:
3.观察制动油管(金属管)	完成□ 未完成□ 异常情况:
4.检查驻车制动拉索	完成□ 未完成□ 异常情况:
5.检查制动液软管连接	完成□ 未完成□ 异常情况:
6.测量制动片的厚度	测量值: 其他情况:
7.观察ABS传感器及插头	完成□ 未完成□ 异常情况:
8.检查驻车制动拉索的可靠性	完成□ 未完成□ 异常情况:

五、实施过程

六、场地清洁整理

1.清洁、整理工量具	完成□ 未完成□ 其他情况:
2.清理、恢复车辆正常状况	完成□ 未完成□ 其他情况:
3.清洁场地	完成□ 未完成□ 其他情况:
4.整理收纳使用物品	完成□ 未完成□ 其他情况:
5.完善工单	完成□ 未完成□ 其他情况:

七、实训收获及反思

任务评价

对本学习任务进行评价,见表6-2。

汽车底盘常规检查任务评分表　　　　　　　　表 6-2

考核项目	评分标准	分数（分）	学生自评(分)（20%）	小组互评(分)（30%）	教师评价(分)（50%）	小计（分）
小组合作	是否和谐	2				
活动参与	是否积极主动	2				
安全生产	有无安全隐患	2				
环境管理	是否做到	2				
任务方案	是否正确、合理	2				
操作过程	传动系统检查	20				
	行驶系统检查	20				
	转向系统检查	20				
	制动系统检查	20				
任务完成情况	是否圆满完成任务	4				
工具和设备使用	是否规范、标准	2				
劳动纪律	是否能严格遵守	2				
工单填写	是否完整、规范	2				
总分		100				
时间：　年　月　日		得分				

课后练习

一、填空题

1.底盘由行驶系统、制动系统、_____系统和_____系统四部分组成。

2.制动系统主要由供能装置、控制装置、_____、_____四部分组成。

3.在汽车行驶系统中,_____的主要作用是防止车身在转弯时发生过大的横向侧倾。

二、选择题

1.下列(　　)不属于底盘系统的常规检查内容。

　A.传动系统油质检查　　　　　　　B.发动机功率测试

　C.行驶系统减振器阻尼效果检查　　D.制动系统制动片厚度测量

2.下列关于行驶系统检查的说法,错误的是(　　)。

　A.需要检查减振胶套是否完好

　B.减振弹簧的变形不影响车辆行驶

　C.减振器漏油或损坏应及时更换

　D.副车架的变形可能影响车辆安全性

3.在进行底盘常规检查时,如果发现转向助力油液面低于最低标记,应该( )。

　　A.立即添加助力油

　　B.无须处理,继续行驶

　　C.更换整个转向系统

　　D.检查是否有泄漏并修复后再添加助力油

三、判断题

1.行驶系统中,减振器的阻尼效果对车辆行驶的平顺性没有影响。　　　　　　（　　）

2.转向系统中,转向横拉杆和球头的连接处如果松动,会影响车辆的转向稳定性。

（　　）

3.制动片厚度在规定范围内,如果表面出现严重磨损或裂纹,也应立即更换。 （　　）

任务二　制动器维护

一、制动器的组成和作用

　　现代汽车常用的是盘式制动器,制动原理是:当踩下制动踏板时,制动主缸内的活塞推动主缸内的制动液产生压力,压力通过制动管路传递到制动轮缸,推动轮缸内的活塞,从而使制动片压紧制动盘,产生摩擦力来制动车轮。盘式制动器的组成如图6-13所示。

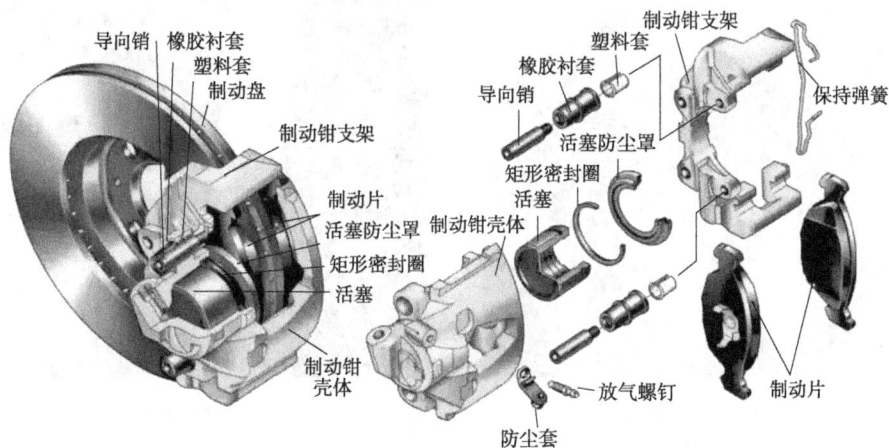

图6-13　盘式制动器的组成

二、制动器拆装检查

（一）制动器拆卸

（1）在地面位置,拉紧手制动,松开车轮螺栓。

（2）举升车辆到合适高度,拆下车轮。

（3）拆下制动钳的两个导向销或螺栓。

提示:导向销一般为内六角,选取适合的工具拆卸。检查导向销是否有磨损、弯曲等故障。

（4）向外侧取下制动钳,从制动钳总成或安装支架上取出摩擦片,如图 6-14 所示。

提示:如果活塞外移位置较多,导致制动钳取不出,用平口起子适当把活塞向内压回。

（5）用挂钩把制动钳牢固地挂在车身上。

提示:制动钳上的制动液软管不能承受太大的拉力,需要稳妥摆放。

（二）制动器检查

（1）检查制动器支架上的连接螺栓或导向销,内外拉动螺栓或导向销,螺栓或导向销在保护套内应能自由移动。

提示:如发现有损坏,应修理或更换。

（2）检查制动钳活塞防尘罩和衬套是否有裂纹和损坏。如损坏,应更换。

（3）检查活塞是否损坏或者泄漏。如果有则需要更换活塞。

（4）检查制动片外观,是否有裂纹、凹槽、烧结等损伤。

（5）使用游标卡尺测量制动片厚度,至少 3 个位置;或在拆卸前用制动片厚度尺进行测量,如图 6-15 所示。

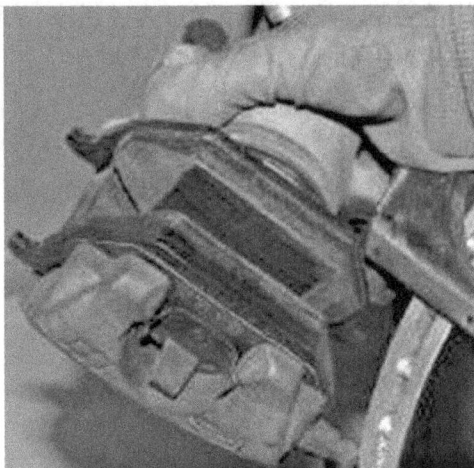

图 6-14　取下制动钳　　　　图 6-15　测量制动片厚度

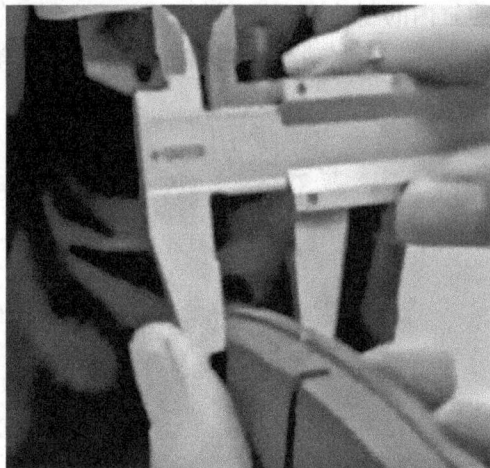

提示:不同车辆的制动片极限厚度不一样,以维修手册为标准。如果连同底板一起测量,请减去底板厚度为最终值。

（6）清洁制动盘外观,检查是否有裂纹、凹槽、刮痕等损伤。

提示:严重腐蚀或者锈蚀、开裂或灼斑、严重变蓝、偏磨较明显,则更换制动盘,建议制动盘和制动片一起更换。

（7）用外径千分尺测量制动盘厚度,测量位置大概在制动盘边缘向内 10mm,旋转制动盘,至少测量 3 个位置,如图 6-16 所示。

提示：和新盘相比，磨损厚度超过 2mm，建议更换。

（8）用磁力表座和百分表检查制动盘的端面跳动，如图 6-17 所示。

图 6-16　测量制动盘厚度

图 6-17　检查制动盘的端面跳动

提示：百分表表头位于外边缘向内 10mm 处，并垂直于制动盘表面，缓慢旋转制动盘，读取大指针左右偏摆量之和。若超过 0.06mm，更换制动盘。

（三）制动器安装

（1）用砂纸适当打磨制动片表面。

（2）用制动钳活塞压缩器将活塞推回位，如图 6-18 所示。

提示：为防止压力把制动液罐盖子胀破，提前把盖子打开。

（3）将制动片安装回制动钳。

提示：注意区分内外制动片；若制动片损伤严重或超过磨损极限，成套更换制动片。

（4）将制动钳安装到制动钳固定支架上。

（5）给螺栓或导向销外表面涂抹橡胶润滑脂，安装导向销并拧紧。

提示：橡胶润滑脂的黏度在 -40℃ 条件下基本不受影响。

图 6-18　将活塞推回位

（6）4 个车轮制动器都检查并安装完毕后，反复踩压制动踏板，直到制动踏板有压力。

提示：此时不用起动车辆。

三、制动液更换

（1）举升车辆到合适高度，打开发动机舱盖，拆下 4 个车轮。

(2)使用注射器将制动液罐中的制动液抽出来。

(3)添加新的制动液到储液罐,加注满。

(4)维修技师 A 坐到驾驶室,听车外维修技师 B 的指令,准备操作。

(5)找到制动钳上的放油螺栓,取下橡胶防尘帽。

图6-19　制动液更换

(6)将透明橡胶管一端套在放油螺栓上,另一头连接到接油瓶内,如图 6-19 所示。

(7)维修技师 A 反复踩制动踏板,直到踩不动,并在最高点时踩住不松脚,发指令给维修技师 B。

提示:维修技师 A 会感觉制动踏板逐渐变硬,位置逐渐升高,此时应踩住不动,保证液压系统内的压力充足。

(8)维修技师 B 松开放油螺栓,此时制动液在压力作用下会自行排出,待制动液在软管中不流动后拧紧螺栓,通知维修技师 A 松开制动踏板。

提示:以上操作需反复数次,直到排出的制动液中无气泡、杂质。

(9)排完一个轮缸,到另一个轮缸重复上面的操作步骤,直 4 个轮缸都完成。

提示:更换制动液顺序应该先远后近,即以到制动总泵的距离为准,先从远端轮缸开始,先后轮,再前轮。如果制动液管路是“X”布局,为了避免新、旧液混合,可以从左后或者右后开始。

(10)4 个轮缸更换完成后需进行路试。如发现制动软或不灵敏,请重复以上操作步骤。

提示:操作过程中制动液罐液面会下降,注意及时添加新的制动液,否则会有空气进入制动系统。制动液型号查看制动液罐表面标注或查阅维修手册。

任务实施

制动器维护

一、实训准备

(1)实训设备:教学车辆、举升机。

(2)实训工量具:常规工具、游标卡尺、外径千分尺、百分表、磁力表座、制动钳活塞压缩器、接油瓶、透明软管、车轮挡块。

(3)耗材:抹布、手套、润滑脂、砂纸、制动液。

二、实训步骤

按制动器维护任务表(表6-3)完成制动器维护。

制动器维护任务表 表 6-3

<table>
<tr><td rowspan="2">一、操作基本
信息</td><td>姓名：</td><td>班级：</td><td>学号：</td></tr>
<tr><td>实训时间：</td><td colspan="2">实训地点：</td></tr>
<tr><td rowspan="2">二、实训车辆
信息</td><td>总里程：</td><td colspan="2">品牌车型：</td></tr>
<tr><td colspan="3">车辆识别代码（VIN 码）：</td></tr>
<tr><td rowspan="5">三、场地准备</td><td>项目</td><td>操作情况</td><td>检查结果</td></tr>
<tr><td>1.检查清洁场地</td><td>完成□ 未完成□</td><td>正常□ 异常□ 异常情况：</td></tr>
<tr><td>2.检查实训工量具</td><td>完成□ 未完成□</td><td>正常□ 异常□ 异常情况：</td></tr>
<tr><td>3.检查耗材</td><td>完成□ 未完成□</td><td>正常□ 异常□ 异常情况：</td></tr>
<tr><td>4.检查急救药品是否齐全</td><td>完成□ 未完成□</td><td>消毒药剂□ 止血用品□
止痛药□ 烫伤膏□ 其他□
异常情况：</td></tr>
<tr><td rowspan="2">四、安全防护
用品</td><td>1.检查操作人员安全防护
用品</td><td>完成□ 未完成□</td><td>工装□ 手套□ 其他□</td></tr>
<tr><td>2.检查车辆防护用品</td><td>完成□ 未完成□</td><td>车内五件套□ 车外三件套□
车轮挡块□</td></tr>
<tr><td rowspan="21">五、实施过程</td><td colspan="2">实施步骤</td><td>完成情况记录</td></tr>
<tr><td colspan="3">（一）制动器拆卸</td></tr>
<tr><td colspan="2">1.拉紧手制动，松开车轮螺栓</td><td>完成□ 未完成□ 异常情况：</td></tr>
<tr><td colspan="2">2.举升车辆，拆下车轮</td><td>完成□ 未完成□ 异常情况：</td></tr>
<tr><td colspan="2">3.拆下制动钳的两个导向销或螺栓</td><td>完成□ 未完成□ 异常情况：</td></tr>
<tr><td colspan="2">4.取下制动钳</td><td>完成□ 未完成□ 异常情况：</td></tr>
<tr><td colspan="2">5.取出摩擦片</td><td>完成□ 未完成□ 异常情况：</td></tr>
<tr><td colspan="2">6.把制动钳牢固地挂在车身上</td><td>完成□ 未完成□ 异常情况：</td></tr>
<tr><td colspan="3">（二）制动器检查</td></tr>
<tr><td colspan="2">1.检查连接螺栓或导向销</td><td>完成□ 未完成□ 异常情况：</td></tr>
<tr><td colspan="2">2.检查制动钳活塞防尘罩和衬套</td><td>完成□ 未完成□ 异常情况：</td></tr>
<tr><td colspan="2">3.检查活塞</td><td>完成□ 未完成□ 异常情况：</td></tr>
<tr><td colspan="2">4.检查制动片外观</td><td>完成□ 未完成□ 异常情况：</td></tr>
<tr><td colspan="2">5.使用游标卡尺测量制动片厚度</td><td>测量值： 其他情况：</td></tr>
<tr><td colspan="2">6.检查制动盘外观</td><td>完成□ 未完成□ 异常情况：</td></tr>
<tr><td colspan="2">7.用外径千分尺测量制动盘厚度</td><td>测量值： 其他情况：</td></tr>
<tr><td colspan="2">8.用磁力表座和百分表检查制动盘的端面
跳动</td><td>测量值： 其他情况：</td></tr>
<tr><td colspan="3">（三）制动器安装</td></tr>
<tr><td colspan="2">1.用制动钳活塞压缩器将活塞推回位</td><td>完成□ 未完成□ 异常情况：</td></tr>
</table>

续上表

实施步骤	完成情况记录
	2.用砂纸适当打磨制动片表面	完成☐ 未完成☐ 异常情况:
	3.将制动片安装回制动钳	完成☐ 未完成☐ 异常情况:
	4.将制动钳安装到制动钳固定支架上	完成☐ 未完成☐ 异常情况:
	5.润滑导向销并安装	完成☐ 未完成☐ 异常情况:
	6.反复踩压制动踏板,使制动器回位	完成☐ 未完成☐ 异常情况:
	(四)制动液更换	
五、实施过程	1.举升车辆,打开发动机舱盖,拆下4个车轮	完成☐ 未完成☐ 异常情况:
	2.将制动液罐中的制动液抽出	完成☐ 未完成☐ 异常情况:
	3.添加新的制动液到储液罐中	完成☐ 未完成☐ 异常情况:
	4.维修技师A坐到驾驶室准备操作	完成☐ 未完成☐ 异常情况:
	5.连接放油螺栓到接油瓶	完成☐ 未完成☐ 异常情况:
	6.维修技师A踩制动踏板	完成☐ 未完成☐ 异常情况:
	7.维修技师B进行接油操作	完成☐ 未完成☐ 异常情况:
	8.对4个轮缸进行换制动液操作	完成☐ 未完成☐ 异常情况:
	9.路试	完成☐ 未完成☐ 异常情况:
六、场地清洁整理	1.清洁、整理工量具	完成☐ 未完成☐ 其他情况:
	2.清理、恢复车辆正常状况	完成☐ 未完成☐ 其他情况:
	3.清洁场地	完成☐ 未完成☐ 其他情况:
	4.整理收纳使用物品	完成☐ 未完成☐ 其他情况:
	5.完善工单	完成☐ 未完成☐ 其他情况:
七、实训收获及反思		

任务评价

对本学习任务进行评价,见表6-4。

制动器维护任务评分表 表6-4

考核项目	评分标准	分数(分)	学生自评(分)(20%)	小组互评(分)(30%)	教师评价(分)(50%)	小计(分)
小组合作	是否和谐	2				
活动参与	是否积极主动	2				

续上表

考核项目	评分标准	分数（分）	学生自评(分)（20%）	小组互评(分)（30%）	教师评价(分)（50%）	小计（分）
安全生产	有无安全隐患	2				
环境管理	是否做到	2				
任务方案	是否正确、合理	2				
操作过程	制动器拆卸	10				
	制动器检查	10				
	制动片测量	10				
	制动盘测量	15				
	制动器安装	15				
	制动液更换	20				
任务完成情况	是否圆满完成任务	4				
工具和设备使用	是否规范、标准	2				
劳动纪律	是否能严格遵守	2				
工单填写	是否完整、规范	2				
总分		100				
时间：　　年　　月　　日			得分			

课后练习

一、填空题

1. 更换制动液时,应该按制动轮缸距离制动总缸_____的位置进行。

2. 检查制动盘端面跳动时,百分表表头应位于制动盘外边缘向内_____ mm 处。

3. 制动盘磨损厚度超过_____ mm 时,建议更换。

二、选择题

1. 汽车制动系统的主要功能不包括(　　　)。

　A. 强制减速　　　　　　　　　　　B. 停车

　C. 加速　　　　　　　　　　　　　D. 保持下坡行驶速度稳定

2. 在检查制动片时,如果发现制动片上有严重的烧结现象,应(　　　)。

　A. 继续使用　　　　　　　　　　　B. 打磨后使用

　C. 更换新的制动片　　　　　　　　D. 无须处理

3. 制动盘端面跳动的检查中,如果测量值超过了规定的极限值,可能会导致(　　　)。

　A. 制动效果减弱　　　B. 制动盘破裂　　　C. 制动液泄漏　　　D. 制动踏板变硬

4. 在制动器安装后,为什么需要反复踩压制动踏板直到有压力? (　　　)

　A. 为了检查制动踏板是否工作正常　　B. 为了排出制动系统中的空气

　C. 为了测试制动液的流动性　　　　　D. 为了使制动片与制动盘更好地贴合

三、判断题

1. 汽车制动系统可以控制汽车速度。　　　　　　　　　　　　　（　　）
2. 盘式制动器的制动原理是通过摩擦片压紧制动盘来制动车轮。（　　）
3. 制动液不同型号可以混装。　　　　　　　　　　　　　　　（　　）

任务三　轮胎拆检

一、轮胎的作用和标识

汽车轮胎作为汽车的重要组成部分,承担着支撑汽车重量、传递驱动力和制动力、缓冲和减振、保持汽车行驶方向、提高行驶安全性、降低噪声等多种关键功能。

轮胎的规格和标识可查看轮胎的侧面标记,如图6-20所示。正确地对轮胎参数进行识读是确保行车安全、优化车辆性能以及便于轮胎更换和维护的重要步骤。

图6-20　轮胎标识

例如195/60 R 14 85 H,其含义为:

195:轮胎宽195mm,子午线轮胎的宽度一般用英寸作为单位;

60:扁平比为60%,扁平比为轮胎高度 H 与宽度 B 之比;

R:子午线轮。

14:轮辋直径14英寸。

85:荷重等级,即最大载荷质量。

H:速度等级,表明轮胎能行驶的最高车速。

提示:载荷与速度具体所代表的数值需要查阅汽车使用手册相应表格。

二、轮胎检查

(1)检查轮胎的外观,是否有鼓包、裂纹或硬损伤等。

（2）观察轮胎是否局部磨损或偏磨。

提示：如果有比较明显的偏磨，就需要考虑检查胎压、轮胎型号、转向系统、悬架系统、车架等是否存在故障。

（3）检查胎面生产日期是否在有效期内。

提示：轮胎生产日期如4520，表示2020年、第45周；轮胎的使用寿命通常为3~5年，行驶里程为6万~8万km。

（4）目视检查轮胎花纹深度，如图6-21所示。

提示：检查花纹槽内和侧面的磨损标识有没有超过磨损极限。

（5）用花纹深度尺检查轮胎花纹深度，如图6-22所示。

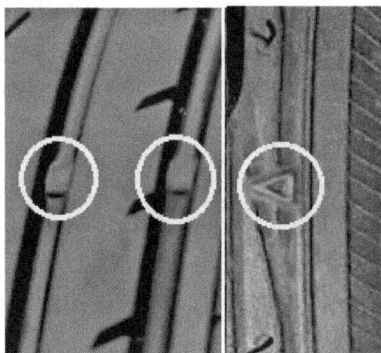

图6-21　目视检查轮胎花纹深度　　　　图6-22　花纹深度尺检查轮胎花纹深度

提示：用花纹深度尺检查读取轮胎花纹深度，对比标准值，判断是否到达磨损极限，是否需要进行轮胎更换。

（6）检查轮毂是否完好、变形或损坏，确保与轮胎的配合紧密。

（7）使用轮胎气压表对轮胎进行压力检查及数据读取，如图6-23所示。

提示：一般情况下，轮胎气压参考具体车型的轮胎充气压力标准值。

（8）备胎也需要取出并参照以上步骤进行检查。

图6-23　轮胎压力检查及数据读取

三、轮胎的拆装及检测

当发现轮胎被异物损坏或达到磨损极限时，为保证车辆行驶的安全性，需对轮胎进行拆卸并更换新轮胎。更换新轮胎时应注意对新轮胎进行动平衡检测，即测出车轮内、外不平衡量，在轮辋上适当的位置嵌扣或粘贴平衡块，以使车轮平衡，才可进行新轮胎的安装。

（一）轮胎的拆装

（1）举升车辆到合适高度，拆下车轮。

（2）去除轮毂上的所有平衡块。

(3)把轮胎气放净,用专用工具把气门芯取出。

(4)打开扒胎机电源,打开气压开关。

(5)将车轮放到轮胎挤压位置,用轮缘拆离蹄压迫轮胎使之与轮毂彻底分离。

图 6-24 用撬棍拆装轮胎

提示:轮胎内外侧都需要进行分离。挤压过程中应防止手、脚伸入挤压臂;要避免碰到轮毂,以免将轮毂损坏。

(6)将车轮放在扒胎机工作台上,调整好拆装头与轮胎之间的位置后,锁紧轮毂,并在胎缘处涂抹肥皂水。

提示:涂抹肥皂水是避免撬棍或拆装头损坏轮胎胶面。

(7)用撬棍垫在拆装头上把轮胎内缘翘起,把拆装头放入轮胎翘起处,旋转固定器,拆装头会逐渐剥离轮胎与轮毂,如图 6-24 所示。

提示:注意撬棍的位置,避免与拆装头产生运动干涉。

(8)把车轮从固定器上取下,对反面进行步骤(7)的操作,取出轮胎。

(9)在取下的在轮胎两侧内缘涂抹肥皂水。

(10)把轮毂安装到固定器上,把轮胎放到轮毂上,把拆装头卡进轮胎内缘与轮毂之间,旋转固定器,轮胎下内缘装入轮毂。

(11)翻转对另外一面进行同样的操作,使轮胎两面都装入轮毂。

(12)将气门芯装入充气口,用气压表加入规定气压。

提示:无内胎式车轮,充气后轮胎将自动与轮毂固定。

(二)轮胎的动平衡检查

汽车在更换新轮毂和轮胎后,为确保行驶安全和稳定性,通常建议进行动平衡检查。动平衡检查是为了确保轮胎在高速旋转时保持平衡,避免轮胎质量分布不均导致转向盘或车身抖动,从而影响操控性和行驶稳定性。

轮胎的动平衡检查的步骤如下:

(1)清除轮胎上的泥土、杂物,如果是旧轮胎,还应注意清除轮胎上的平衡块。

(2)检查轮胎气压,充至规定值。

(3)将轮胎的安装面朝内,装上平衡轴,选择合适的椎体,用锁紧装置将轮胎锁紧,以防松动,如图 6-25 所示。

(4)测量动平衡所需数据,包括轮辋距离平衡机的距离、轮辋宽度、轮辋直径,并输入动平衡机。

(5)放下护罩,按下动平衡机的开始按钮,轮胎开始高速旋转。停止后,动平衡机会显示轮胎偏差数值。

提示:动平衡机会通过指示灯、标记或其他方式明确指出平衡块的安装位置。

图 6-25 锁紧轮胎

（6）根据动平衡机的提示，在轮辋内侧添加相应重量的平衡块，如图 6-26 所示。

提示： 平衡块有内侧粘贴式和外侧卡扣式，根据具体情况进行安装。

（7）重新进行动平衡检测，如图 6-27 所示。

提示： 添加完平衡块后，再次启动动平衡机。如果显示数值为 0，说明动平衡完成；如果仍有偏差，需要再次添加平衡块并测量，直至数值为 0。

图 6-26　在轮辋内侧添加平衡块

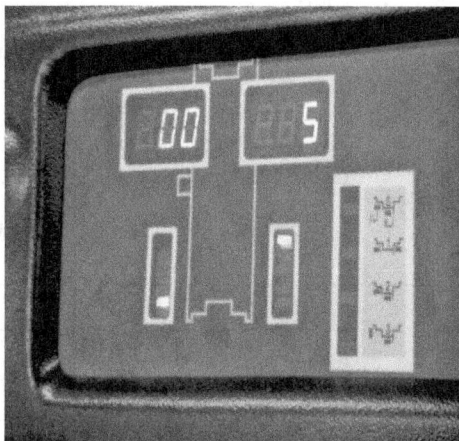

图 6-27　重新进行动平衡检测

任务实施

轮 胎 拆 检

一、实训准备

（1）实训设备：教学车辆、扒胎机、动平衡仪。

（2）实训工量具：常规工具、车辆防护用品等。

（3）耗材：抹布、手套、平衡块。

二、实训步骤

按轮胎拆装及检测任务表（表 6-5）完成轮胎拆装及检测。

轮胎拆装及检测任务表　　　　　　　　　　表 6-5

一、操作基本信息	姓名：		班级：		学号：
	实训时间：		实训地点：		
二、轮胎基本信息	轮胎型号：				

项目	操作情况	检查结果
三、场地准备	1.检查清洁场地　完成□　未完成□	正常□　异常□　异常情况：
	2.检查扒胎机使用情况　完成□　未完成□	正常□　异常□　异常情况：
	3.检查轮胎动平衡仪使用情况　完成□　未完成□	正常□　异常□　异常情况：
	4.检查耗材　完成□　未完成□	正常□　异常□　异常情况：
四、安全防护用品	1.检查操作人员安全防护用品　完成□　未完成□	工装□　手套□　其他□
	2.检查车辆防护用品　完成□　未完成□	车内五件套□　车外三件套□　车辆挡块□

实施步骤	完成情况记录
(一)轮胎的常规检查	
1.检查轮胎外观	完成□　未完成□　异常情况：
2.检查轮胎生产日期	完成□　未完成□　异常情况：
3.检查及测量花纹深度	测量值：　　　其他情况：
4.检查轮毂	完成□　未完成□　异常情况：
5.检查轮胎气压	测量值：　　　其他情况：
6.检查备胎	完成□　未完成□　异常情况：
(二)轮胎的拆装	
1.去除车轮上的平衡块	完成□　未完成□　异常情况：
2.取出气门芯	完成□　未完成□　异常情况：
3.用轮缘拆离蹄使轮胎与轮毂分离	完成□　未完成□　异常情况：
4.将轮毂固定在扒胎机工作台上	完成□　未完成□　异常情况：
5.剥离轮胎与轮毂	完成□　未完成□　异常情况：
6.将车轮翻面操作,取下轮胎	完成□　未完成□　异常情况：
7.反向操作将轮胎安装在轮毂上	完成□　未完成□　异常情况：
(三)轮胎的动平衡检测	
1.清除轮胎上的杂物、平衡块	完成□　未完成□　异常情况：
2.检查气压	完成□　未完成□　异常情况：
3.装上平衡轴并锁紧	完成□　未完成□　异常情况：
4.测量动平衡所需数据	完成□　未完成□　异常情况：
5.启动平衡机并读取测量数值	测量值：　　　其他情况：
6.添加平衡块	完成□　未完成□　异常情况：
7.校对动平衡	完成□　未完成□　异常情况：

（注：第三、四项左侧为"三、场地准备""四、安全防护用品"，第五项左侧为"五、实施过程"）

续上表

实施步骤		完成情况记录
六、场地清洁整理	1.清洁、整理工量具	完成□ 未完成□ 其他情况：
	2.清理、恢复车辆正常状况	完成□ 未完成□ 其他情况：
	3.清洁场地	完成□ 未完成□ 其他情况：
	4.整理收纳使用物品	完成□ 未完成□ 其他情况：
	5.完善工单	完成□ 未完成□ 其他情况：
七、实训收获及反思		

任务评价

对本学习任务进行评价，见表6-6。

轮胎拆装及检测任务评分表　　　　　　　表6-6

考核项目	评分标准	分数（分）	学生自评(分)(20%)	小组互评(分)(30%)	教师评价(分)(50%)	小计（分）
小组合作	是否和谐	2				
活动参与	是否积极主动	2				
安全生产	有无安全隐患	2				
环境管理	是否做到	2				
任务方案	是否正确、合理	2				
操作过程	轮胎常规检查	10				
	轮胎拆装	40				
	轮胎动平衡检测	30				
任务完成情况	是否圆满完成任务	4				
工具和设备使用	是否规范、标准	2				
劳动纪律	是否能严格遵守	2				
工单填写	是否完整、规范	2				
总分		100				
时间： 年 月 日			得分			

课后练习

一、填空题

1. 轮胎动平衡检测的主要目的是_____。

2. 轮胎标识"205/55 R 16 100 T"中的"R"代表_____,"55"表示_____。

3. 轮胎胎冠花纹槽内通常会有几个小凸起,代表的是_____。

二、选择题

1. 下列( )不是影响轮胎寿命的主要因素。

    A. 驾驶习惯   B. 轮胎气压   C. 车身颜色   D. 行驶路面条件

2. 下列关于轮胎磨损不均匀的描述,( )是错误的。

    A. 可能是轮胎气压不足导致的   B. 总是均匀分布在轮胎整个周圈

    C. 可能是前轮定位不准确引起的   D. 轮胎不平衡导致的

3. 轮胎表面上有个椭圆形的圈,圈内有数字 2023 表示( )。

    A. 生产日期   B. 轮胎尺寸   C. 制造商名称   D. 最高行驶速度

三、判断题

1. 轮胎气压过高会导致轮胎两侧磨损加剧。   ( )

2. 拆检轮胎时,无须考虑轮胎的安装方向,因为轮胎是对称的。   ( )

3. 轮胎气压过高或过低都会影响车辆的行驶性能和安全性。   ( )

参 考 文 献

[1] 韩洁. 汽车商务礼仪[M]. 北京:机械工业出版社,2022.

[2] 闫亚林,邱英杰. 汽车商务礼仪[M]. 北京:北京理工大学出版社,2020.

[3] 程国元,潘明明. 汽车维修业务接待[M]. 北京:化学工业出版社,2018.

[4] 陈甲仕. 汽车维护保养一本通[M]. 北京:化学工业出版社,2023.

[5] 董光,尹力卉. 汽车故障诊断与维修技术[M]. 北京:机械工业出版社,2023.

[6] 黄成松,胡萍. 汽车维护与保养[M]. 重庆:重庆大学出版社,2022.

[7] 董光,尹力卉. 汽车维护与保养[M]. 北京:机械工业出版社,2022.

参考文献

[1] 张云飞. 桥梁工程[M]. 北京: 人民交通出版社, 2022.

[2] 周志祥. 桥梁工程[M]. 北京: 人民交通出版社, 2020.

[3] 李国豪. 桥梁工程[M]. 北京: 中国建筑工业出版社, 2018.

[4] 范立础. 桥梁工程[M]. 北京: 人民交通出版社, 2021.

[5] 姚玲森. 桥梁工程[M]. 北京: 人民交通出版社, 2022.

[6] 项海帆. 桥梁工程[M]. 北京: 同济大学出版社, 2012.

[7] 陈忠延. 桥梁工程[M]. 北京: 中国建筑工业出版社, 2020.